九州

聖地巡礼ガイド

神仏ゆかりの地をめぐる

宗像大社　太宰府天満宮　宝満山・竈門神社　武雄神社・大楠
諏訪神社　岩戸神社　興福寺　月読神社　金鱗湖・天祖神社　弊立神宮　原尻の滝　宇佐神宮
天安河原　高千穂神社・夫婦杉　えびの高原・六観音御池　溝ノ口洞穴…etc.

「旅ムック」編集部 著

メイツ出版

九州 聖地巡礼ガイド 神仏ゆかりの地をめぐる 目次

CONTENTS

※本書は2011年発行の『九州 神社・仏閣・霊場をめぐる 聖地巡礼ガイド』の改訂版です。

九州北部 聖地巡礼ガイドマップ
神仏ゆかりの地をめぐる

対馬
海神神社 P53
鬼の窟古墳 P50
壱岐
月讀神社 P51
小島神社 P53
北九州市
宗像市
宗像大社 P10
宮地嶽神社 P14
中間市
福津市
山陽新幹線
福岡県
太宰府天満宮 P12
古賀市
福岡都市高速
玄海灘
警固神社 P16
博多
飯塚市
八木山バイパス
福岡市
大野城市
福岡前原道路
白糸の滝 P20
前原東
太宰府市
春日市
宝当神社 P30
糸島市
七夕（媛社）神社 P17
筑紫野市
小郡市
唐津市
多久市
大山祇神社 P31
鳥栖JCT
吉野ヶ里遺跡 P26
鳥栖市
久留米市
新鳥栖
巨石パーク P28
松浦市
清水山見瀧寺宝地院 P31
佐賀大和
平戸市
伊万里市
神埼市
久留米
武雄市
佐賀市
五島灘
西福寺 P48
佐世保市
小城市
伊勢神社 P25
佐賀県
大川市
八女市
筑後市
相浦中里IC
佐世保中央
西九州自動車道
武雄神社 P29
筑後船小屋
東そのぎ
柳川市
みやま市
佐世保みなと
武雄JCT
西海パールライン
嬉野市
大牟田市
有明海
九州自動車道
新大牟田
九州新幹線
荒尾市
大村湾
長崎県
西海市
轟峡・轟渓流 P46
観善寺の大クス P44
大村
新玉名
玉名市
長崎市内中心部マップ
諫早市
淡島神社 P47
熊本市
浦上
山王神社 P44
長崎多良見IC
岩戸神社 P47
熊本
長崎市
本蓮寺 P43
長崎バイパス
ながさき出島道路
雲仙市
島原市
矢上神社 P45
福済寺 P43
長崎IC
松森天満宮 P38
橘湾
島原湾
稲佐山 P52
長崎
諏訪神社 P34
南島原市
伊勢宮 P42
高岩山 P48
聖福寺 P41
興福寺 P40
眼鏡橋 P39
みさきの観音寺 P46
清水寺 P41
長崎港
八代市
松島有料道路
会津
新八代
八代
グラバー園 P36
知十
上天草市
日奈久IC
南九州西回り自動車道
天草灘
王位石 P49
天草市
芦北IC
五島列島
新水俣
人吉市
水俣市
五島灘
出水
出水市
大宝寺 P49
伊佐市
阿久根市
九州新幹線
382
199
495
3
201
211
202
200
322
263
500
323
386
204
203
202
34
264
442
498
35
444
208
3
205
34
444
443
202
208
389
206
207
34
57
251
251
389
501
57
202
57
34
266
499
251
389
324
324
389
266
266
219
384
3
389
268
447
447
268
328
504
267

九州南部 聖地巡礼ガイドマップ
神仏ゆかりの地をめぐる

チブサン古墳 P68
新大牟田
大牟田市
荒尾市
蓮華院誕生寺 P60
康平寺
P72
新玉名
玉名市
寂心さんのクス P66
熊本市
霊巌洞 P67
熊本城 P62
加藤神社 P64
熊本
粟嶋神社 P70
松崎
龍神社 P71
八代市
八代
新八代
矢岳巨石群遺跡 P71
会津
知十
上天草市
日奈久IC
九州新幹線
天草市
芦北IC
人吉市
新水俣
熊本県
水俣市
出水市
出水
伊佐市
阿久根市
川内
薩摩川内都IC
薩摩川内市
串木野IC
いちき串木野総合観光案内所 P114
隼人東
市来IC
いちき串木野市
鹿児島
鹿児島中央
照國神社 P125
大汝牟遅神社 P124
日置市
指宿スカイライン
鹿児島湾
南さつま市
穎娃IC
鹿児島県
東シナ海
釜蓋神社 P125
嬉野市
有明海
東そのぎ
西海パールライン
西海市
大村湾
大村
五島灘
諫早市
雲仙市
島原市
長崎市
長崎・多良見IC
長崎IC
橘湾
南島原市
島原湾
天草灘
八代海
天女ケ倉神社 P124
種子島
屋久島
屋久島 P120
JR
新幹線
高速・有料道路
県境
IC・JCT
新幹線駅
国道
福岡県
佐賀県
長崎県
熊本県
大分県
宮崎県
鹿児島県

本書の使い方

※本書に記載した情報は、すべて2019年10月現在のものです。料金や定休日、営業時間などは変更になる場合があります。事前にお問い合わせください。

【写真】
スポットの写真。

【本文】
スポットにまつわる言い伝えなどを記載。

【アクセス】
電車・バス、車でのアクセス方法、所要時間を記載。港や空港で記載している箇所もあります。

【おでかけスポット】
付近のおすすめスポットを紹介。掲載写真はイメージ写真を含む箇所があります。

【MAP】
スポット付近の地図。問合せ先と異なる箇所があります。

【ジャンル】
スポットのジャンルを表記。神社、寺院、自然、仏像などがあります。

【項目】
所在地の県名。

【スポット名】
本書で紹介しているスポットの名称。山や島を含んでおります。

【必見!】
ここだけは見ておくべきという場所や事柄を記載。

【おすすめ!】
時間があるならぜひ見ておきたい場所や事柄を記載。

年4回240,000部発行。熊本市内各ホテルやJR熊本駅、阿蘇くまもと空港などで無料配布中

【データ】
tel…問合せ先の電話番号
問…問合せ先の社名及び屋号
住…スポットの住所を記載。問合せ先に準じる箇所があります
時…利用可能な時間を記載
休…休業日を記載。「なし」であっても、年末年始・臨時休業などがある場合もあります
料…料金を記載。各スポットの都合により変動する場合があります
駐…駐車場の台数。()内は料金を記載
バ…バリアフリーの有無を記載
HP…ホームページのアドレス

【アイコン】
スポットのカテゴリの目安をアイコンで表記しております。
家内安全…………家庭運上昇のスポット
子宝………………子宝に恵まれるスポット
学業運……………学問・学業の上昇につながるスポット
仕事運……………仕事運が上昇するスポット
金運上昇…………金運が上昇するスポット
商売繁盛…………商売繁盛につながるスポット
勝負運……………勝負運が上昇するスポット
良縁・縁結び……縁結びなど恋愛運が上昇するスポット
健康運……………体の各部位に効力を発揮するスポット
海難防止…………海難防止につながるスポット
景勝地……………景色を一望できるなど見晴らしが素晴らしいスポット
マイナスイオン…滝や森林などマイナスイオンたっぷりのスポット

熊本観光情報季刊誌「旅ムック」編集部
〒861-8005 熊本県熊本市北区龍田陳内3-20-124
☎096-339-8555 FAX096-339-6655 旅ムック 検索

福岡県

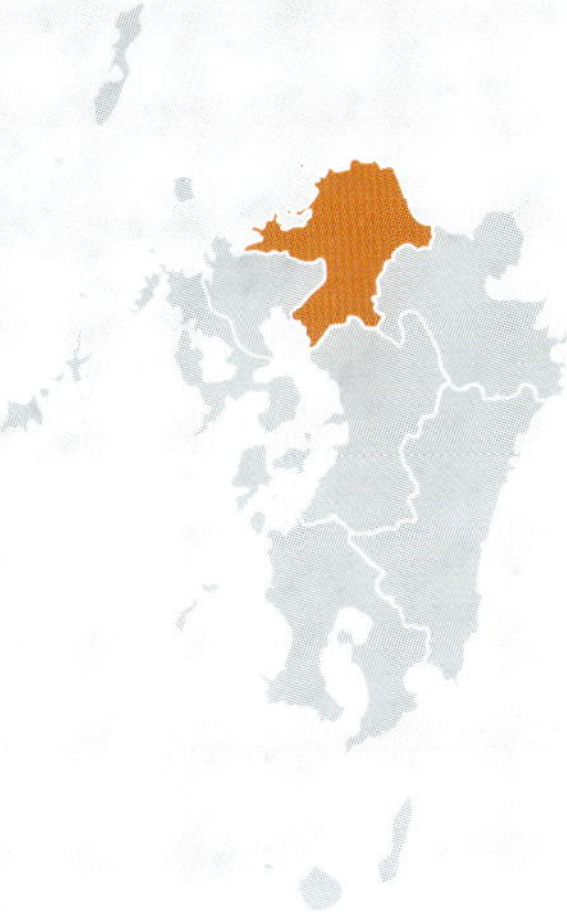

神社

宗像大社《むなかたたいしゃ》

全国各地に六千社余りある宗像三女神を祀る神社の総本宮

日本の歴史とともに歩んできた宗像大社。三宮の総社でもある辺津宮

◆海上・陸上交通を始め芸道などあらゆる道を司る神

宗像の地は、大陸から近く我が国の形成期より海外との交流の要衝であった。この地にあって歴代の皇室を守護するようにとの天照大神の御神勅（ご命令）により、田心姫神《たごりひめのかみ》・湍《たぎ》津姫神《つひめのかみ》・市杵島姫神《いちきしまひめのかみ》の三女神（宗像大神・天照大神《あまてらすおおみかみ》の御子神）がご降臨された。これが宗像大社の始まりである。

この事は日本書紀等に記されており、同書には国民のあらゆる道を司る神として宗像大神の別名を道主貴《みちぬしのむち》と記している。貴《むち》とは最も高貴な神に贈られる尊称である。古くは遣唐使、現在では車の交通安全と今も道の神としての信仰は篤い。

また、市杵島姫神は七福神の一員である弁才天（弁財天）とも考えられている。ここ宗像大社は宗像神の総本宮として信仰されている。

御降臨の地と伝えられる高宮祭場

おすすめ！
楢の御神木

おすすめ!!
高宮祭場

家内安全

マイナスイオン

宗像市

天照大神の御子神である宗像三女神

宗像三女神は沖津宮《おきつぐう》・中津宮《なかつぐう》・辺津宮《へつぐう》の三宮それぞれで祀られており、その三宮を総称して宗像大社と言う。

田心姫神を祀る沖津宮は宗像市の沖合約60kmの沖ノ島に鎮座し、島全体が御神体であり大和朝廷による古代磐座祭場が残る神聖な島。神職がたった1人10日交代で常駐し島を守る。

宗像市の沖合約10km人口約800人ほどの大島に鎮座し湍津姫神を祀る中津宮は、漁業者の信仰が特にあつい。沖津宮遥拝所では沖ノ島が臨める為、一般の方はここから沖津宮を遥拝する。

三宮の総社として辺津宮は九州本土にあり市杵島姫神を祀っている。境内には三女神が最初に御降臨されたと伝えられる高宮祭場がある。本殿・拝殿は国指定重要文化財となっており、沖津宮・中津宮の御分霊も第二宮・第三宮に祀られている。

森に囲まれた厳粛な雰囲気の沖津宮

七夕伝説発祥の地と云われる大島にある中津宮

島そのものが御神体の沖ノ島

お出かけスポット壱

神宝館

海の正倉院と呼ばれる沖ノ島より出土した国宝8万点を所蔵。

問）tel.0940-62-1311
住）福岡県宗像市田島2331
時）9:00～16:30（入館は16:00まで）
休）なし
料）大人800円、大学・高校生500円、小・中学生400円

お出かけスポット弐

道の駅 むなかた

玄界灘の荒波で揉まれ育った活きのいい魚と新鮮な野菜が充実。

問）tel.0940-62-2715
住）福岡県宗像市江口1172
時）9:00～17:00
（夏期6～9月は8:30～）
休）第4月曜（休館日が祝日の場合は、翌日が休館日）、8/15～17、年末年始

ACCESS

電車・バス 辺津宮▶ JR鹿児島本線　東郷駅下車し、宗像大社経由・神湊波止場行き、宗像大社前バス停下車すぐ

車 辺津宮▶ 九州自動車道 若宮ICから神湊方面へ車で約20分

※中津宮へのアクセスは宗像大社へ要問い合わせ

DATA

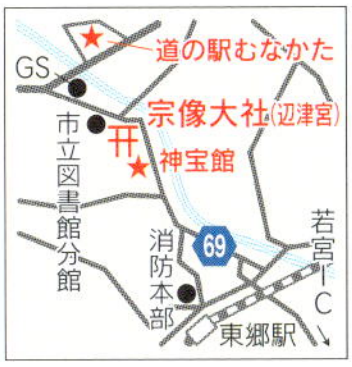

tel.0940-62-1311

問 宗像大社（社務所）
住 辺津宮▶福岡県宗像市田島2331
営 9:00～17:00　休 なし
料 なし
駐 辺津宮▶600台（無料）
バ なし　HP http://www.munakata-taisha.or.jp/

受験生の聖地「学問の神様」の神社

神社

太宰府天満宮《だざいふてんまんぐう》

国の重要文化財に指定されている太宰府天満宮本殿。豪壮華麗さが特色である

◆「学問の神様」菅原道真

全国天満宮の総本宮とされ、毎年全国各地の受験生や、大勢の参詣者で賑わっている太宰府天満宮。「学問の神様」として崇敬される菅原道真を祭神として祀る神社である。学問に秀でた道真は右大臣として政治の中心で活躍していたが、延喜元年（901）政略により大宰府に左遷となり、その2年後に大宰府の地で亡くなった。道真の遺骸は門弟の味酒安行によって埋葬され、延喜5年（905）に祠廟が創建したのがはじまり。

社殿は兵火などによって数度炎上したが、天正19年（1591）時の筑前国主である小早川隆景が5年の歳月をかけて造営したのが桃山時代の豪壮華麗さが特色の現在の本殿である。

太宰府天満宮本殿への正面門である楼門

おすすめ! 飛梅

おすすめ!! 太鼓橋

家内安全

学業運

太宰府市

伝説に彩られた太宰府天満宮

太宰府天満宮には本殿以外にも見どころが多い。道真が大宰府へ西下の時に、京の紅梅殿の梅に向かって歌を詠んだところ、梅が慕って大宰府まで飛んできたと伝えられる「飛梅伝説」。その梅の木は現在も本殿の右前にあり、神木として地元の方に愛されている。

心字池にかかる太鼓橋・平橋・太鼓橋の三橋は、過去・現在・未来の三世一念という仏教思想を表し、この三橋を渡ると心が清められるとされる。

また、文化10年（1813）に建立された、九州の現存する単体の絵馬堂としては最大最古の絵馬堂は見ごたえ十分である。この他にも、国の重要文化財に指定されている志賀社や樹齢千年を超えるというクスノキなどがあり、歴史を感じながら散策するのも楽しみの1つとなるだろう。

過去・現在・未来を表しているとされる三橋

道真を慕って飛んで来たと云われる「飛梅伝説」の白梅

九州最大最古の絵馬堂と、境内に点在する御神牛

お出かけスポット壱

九州国立博物館

旧石器時代から近世までの日本文化を網羅する歴史系国立博物館。

問）tel.050-5542-8600
住）福岡県太宰府市石坂4-7-2
時）9:30～17:00(金・土は～20:00)
※入館は30分前まで
休）月曜（月曜が祝日・振替休日の場合は翌日）
料）一般430円、大学生130円

お出かけスポット弐

梅ヶ枝餅

薄い餅で餡子を包み、鉄板の型でかりっと焼き上げて作る太宰府名物。太宰府天満宮の門前では多くの専門店が軒を連ね、出来たてを味わうことができる。

料）1個 130円

ACCESS

電車・バス 西鉄 福岡駅から西鉄 太宰府駅下車、徒歩で約5分

車 九州自動車道 太宰府ICから車で約15分

DATA

tel.092-922-8225

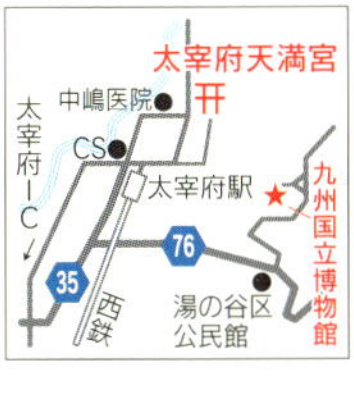

問 太宰府天満宮社務所
住 福岡県太宰府市宰府4-7-1
営 6:30～18:30(金・土は～20:00)※季節により異なる
休 なし　料 なし
駐 1,000台（大中型バス2,000円、マイクロバス1,300円、普通車500円、バイク250円）
バ 施設全体、トイレ、駐車場
HP https://www.dazaifutenmangu.or.jp/

金成・商売繁昌・何事にも打ち勝つ開運の神

神社

宮地嶽神社

みやじだけじんじゃ

福津市

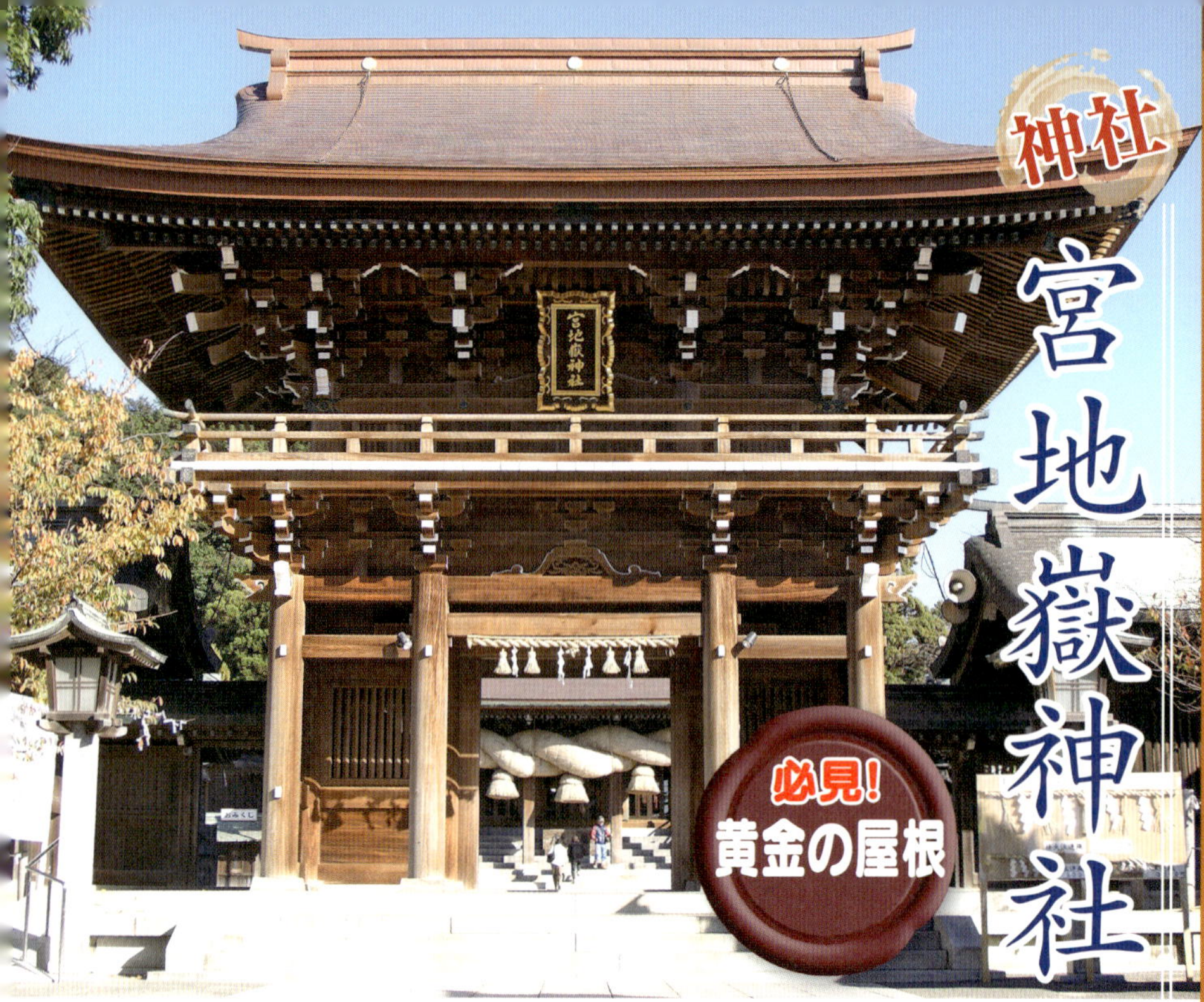

必見！
黄金の屋根

毎月限定ながら季節感を感じる月授与品は参拝したら確認してみては

◆全国に鎮座する宮地嶽神社の総本宮

息長足比売命《おきながたらしひめのみこと》を主祭神として奉斎し、随従の勝村大神《かつむらのおおかみ》・勝頼大神《かつよりのおおかみ》をあわせ、宮地嶽三柱大神として祀る宮地嶽神社。

古事記、日本書紀等では、三柱大神が渡韓の折この地に滞在し、宮地嶽山頂より大海原を臨みて祭壇を設け、天神《てんしん》地祇《ちぎ》を祀り「天命を奉じてかの地に渡らん。希くば開運を垂れ給え」と祈願し、船出したと伝えられている。以来、何事にも打ち勝つ開運の神として信仰されるようになった。

また、境内には3つの日本一がある。直径2・6ｍ、長さ11ｍ、重さ3トンもある毎年掛け変えられる大注連縄、1トンの牛の一枚皮で作られ、打ち鳴らされる音は数㎞離れた所にも響く大太鼓、直径1・8ｍ、重さ450㎏もある大鈴。これらも神社を彩る名物になっている。

金の冠を思わせる黄金の屋根

家内安全
金運上昇
商売繁盛
良縁・縁結び

おすすめ！
大注連縄

おすすめ!!
月授与品

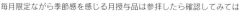

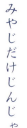

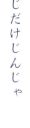

数多くの国宝が眠る丸塚古墳

奥の宮には、全国でも第1級の大きさを誇る横穴式石室を有する巨石古墳がある。その石室からは大太刀や刀装具、馬具類、緑に輝く瑠璃壺や瑠璃玉など、およそ300点が発見され、そのうち20点もの品々が国宝に指定されている。それらの中で特に目を引くのは黄金を使った品々で、金銅製の冠は黄金に龍や虎の透かし彫りが施され、3.2mの大太刀は頭椎《かぶつち》がついており、金の装飾が施されている。

日本では稀なる黄金の出土品や、この地に伝わる九州北部王朝の口伝から、古来より宮地嶽に祀られる神は、崇高かつ有福な神として慕しまれている。そして、時代の変遷とともに開運の神、商売繁昌の神として崇められるようになっていったと伝えられる。

境内には菖蒲苑もある。5月～6月の時期が見頃

不動神社石室内での神事

お出かけスポット 壱

奥の宮八社

宮地嶽神社を奥に進むと、奥の宮八社と呼ばれる社が祀られている。ひとつひとつまわれば大願が叶うと云われている。

問）tel.0940-52-0016
住）福岡県福津市宮司元町7-1
時）7:00～19:00
休）なし　料）なし

お出かけスポット 弐

宮地浜海岸

宮地嶽神社の参道を海の方向へまっすぐ進んだ所にある。海水浴場としても人気。

問）tel.0940-52-4951
（福津市商工観光課）
住）福岡県福津市宮司浜4
時）なし
休）なし　料）なし

大注連縄、大太鼓、大鈴の3つの日本一も見どころのひとつ

ACCESS

電車・バス JR鹿児島本線 福間駅下車、徒歩で約25分

車 九州自動車道 古賀ICから車で約20分

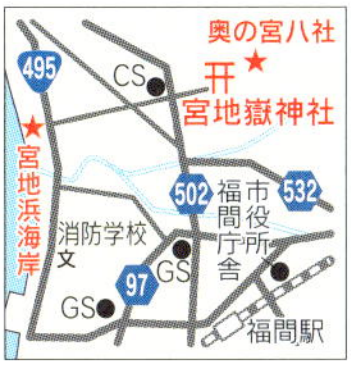

DATA

tel.0940-52-0016

問 宮地嶽神社
住 福岡県福津市宮司元町7-1
営 7:00～17:00
休 なし
料 なし
駐 700台 大型バス駐車可（無料）
バ なし
HP http://www.miyajidake.or.jp/

歴代藩主からも崇敬された神社

神社

警固神社《けごじんじゃ》

天神市街にありながら木々が生い茂り静かな佇まいをみせる

福岡天神の地にありながら、樹齢300年以上の大楠に守られており、ひときわ静かな佇まいをみせる警固神社。

創建は、仲哀天皇9年（200）、神功皇后三韓御親征の際に影現し船団を守護して勝利を導いたと云われる警固三柱大神を祀ったことから始まる。福岡藩初代藩主の黒田長政をはじめ歴代藩主からの崇敬も厚く、代々の藩主から種々の奉納を受けている。

社名及び周辺の地名にもある警固の由来は、かつて鴻臚館《こうろかん》近くに置かれていた大宰府政庁防衛施設「警固所《けいごしょ》」と云われている。

神前結婚式も行われる

歴史ある神社ながらバリアフリーを取り入れている

おすすめ！ 針の碑

おすすめ!! 月華祭

ACCESS

電車・バス　福岡市営地下鉄 天神駅から徒歩で約4分

車　福岡都市高速 天神北ICから車で約6分

DATA

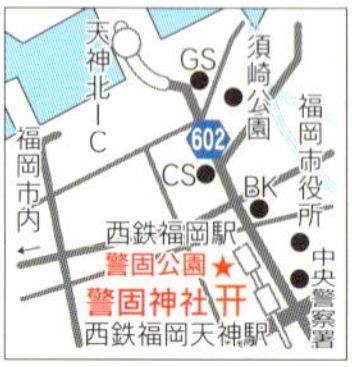

tel.092-771-8551

問 警固神社
住 福岡県福岡市中央区天神2-2-20
時 9:00～17:00
休 なし　料 なし
駐 なし　バ 施設
HP http://www.kegojinja.or.jp/

お出かけスポット

警固公園

西鉄バス 天神バスセンター裏にある憩いの公園。

問）tel.092-718-1085（公園管理）
住）福岡県福岡市中央区天神2
時）なし
休）なし　料）なし

家内安全　仕事運　商売繁盛　良縁・縁結び

福岡市

神社

七夕（媛社）神社《たなばた（ひめこそ）じんじゃ》

必見！
七夕まつり

おすすめ！
恋人の聖地

七夕伝来の地、織姫様を祀る神社として正式に登録されたのはここだけ

地元では「七夕さん」と親しまれる七夕神社の祭神は媛社神《ひめこそのかみ》と織姫神《おりひめのかみ》で730年頃に書かれた肥前国風土記に由来がある。七夕信仰は中国より伝わった「牽牛《けんぎゅう》・織姫」伝説、もともと日本の神事であった「棚機《たなばた》」、奈良時代に中国から伝来した「乞巧奠《きこうでん》」、この3つが合わさったものと云われる。

一説には鎌倉時代に宝満川を天の川に見たて、対岸に彦星を祀る牽牛社が相対するように建立されたとあるが、現在は七夕神社から川を渡り徒歩10分の老松宮に犬飼神が合祀されている。

8月7日の祭は全国から送られた短冊を飾る

老松宮のご神体は織姫神と相愛の犬飼神

ACCESS

電車・バス 西鉄天神大牟田線 小郡駅から徒歩で25分

車 大分自動車道 筑後小郡ICから車で15分

お出かけスポット

如意輪寺（かえる寺）

かえる寺のご本尊、如意輪観音は「意の如くなる」で思いが叶う観音様。

問）tel.0942-75-5294
住）福岡県小郡市横隈1729
時）なし
休）なし

DATA

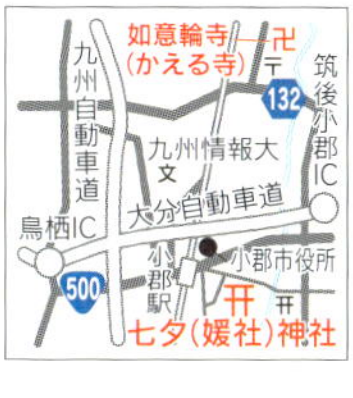

tel.なし

問 七夕神社
住 福岡県小郡市大崎1番地
時 なし
休 なし　料 なし
駐 3台（無料）
バ なし　HP http://kanko.ogori.org

家内安全
仕事運
良縁・縁結び

福岡県

神社と石造物のある国指定天然記念物の洞窟

自然 青龍窟（せいりゅうくつ）

必見！窟神社（いわや）

東洞口ホールは長さ60m、最大幅20m、最大天井高約15mのドーム状の空洞

洞口ホール全体が境内になる窟神社

東洞口は駐車場から徒歩約40分

平尾台の東側に位置する青龍窟は、北九州国定公園の第一種特別地域で、国の天然記念物に指定されている。景行天皇の時代に土蜘蛛が住んでいたという言い伝えがある。山岳修験道等覚寺の奥の院として信仰され、窟神社と石造物が数十体、また、豊玉姫が神になったときの抜け殻だと伝えられている龍形岩がある。

青龍窟は全長1785m以上、高低差65mあり、大きく洞口ホールと地下川の二つの部分に分かれている。その洞口ホールは長さ130mで東洞口から西洞口へS字に蛇行しており、洞窟内に自然光が差し込むのは東西の洞口付近まで、中間は暗闇となる。洞口ホール以外の洞窟へ入るには洞窟探検の装備と苅田町教育委員会入洞届が必要。

おすすめ！龍形岩

おすすめ！！氷鍾乳石

お出かけスポット

広谷湿原

青龍窟の西側にある湿原特有の野生植物が多数自生する湿原です。
- 問 093-434-2212（苅田町教育委員会）
- 住 福岡県京都郡苅田町大字山谷
- 時 なし
- 休 なし

ACCESS

- 電車・バス：JR日豊本線 苅田駅から苅田町コミュニティバス白川ルートに乗車、山口入口バス停で乗換、白川ルート接続線（予約制）北谷下車、徒歩で約50分
- 車：東九州自動車道苅田北九州空港ICから車で約35分、駐車場から徒歩で約40分

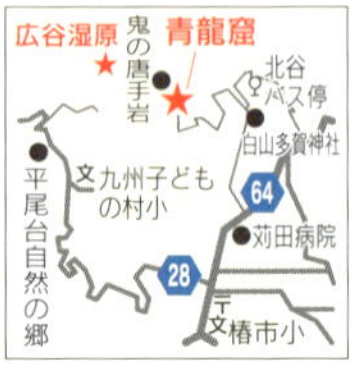

DATA

tel.093-434-2212

- 問 苅田町教育委員会
- 住 福岡県京都郡苅田町大字山口
- 営 なし　休 なし
- 駐 10台（無料）　バ なし
- HP https://www.town.kanda.lg.jp

景勝地／マイナスイオン　苅田町

1435年の歴史「人生儀礼」と「祈願」の社

神社

篠崎八幡神社《しのざきはちまんじんじゃ》

必見！
蛇の枕石

杜の緑と社殿の朱色、青空と相まってのコントラストが美しい

1400年以上の歴史をもつ篠崎八幡神社の故事に基づき、安産や七五三詣、厄除や還暦祝など、子供の安泰や人生の節目を祈念する人生儀礼のおまつり、交通安全や方除、商売繁昌や必勝・合格など、災厄から身を守るお祓いや成就を祈る祈願成就の社として、地元はもとより多くの参拝者から崇敬されている。

8千坪の静寂で緑豊かな杜に囲まれた、御社殿から神楽殿、随神門、社務所、廻廊、鳥居門、東西大鳥居に至るまで、総朱塗彩色で統一された建物とのコントラストが映える。

駐車場も広いので広域からの参拝者も多い

蛇の枕石は恋愛成就･厄災除等の御利益がある

おすすめ！
力石

子宝
金運上昇
勝負運
良縁縁結び

ACCESS

電車・バス　JR日豊線 南小倉駅下車、東口から徒歩で約10分

車　北九州都市高速 篠崎北・南または紫川出口から車で約2分

DATA

tel.093-561-6518

問　篠崎八幡神社社務所
住　福岡県北九州市小倉北区篠崎1-7-1
時　9:00～17:00（祈願・授与所）
休　なし　料　なし
駐　120台（無料）　バ　なし
HP　http://www.shinozakihachimanjinja.or.jp/

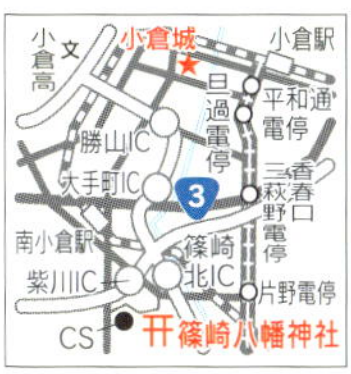

お出かけスポット

小倉城

築城は後の熊本城主細川忠興。幕末の長州討伐で焼失、天守閣は昭和34年に復元。
問）tel.093-561-1210
住）福岡県北九州市小倉北区城内2-1
時）（4月～10月）　9:00～18:00
（11～3月は17:00まで）（入館は30分前）
休）なし
料）一般350円、中高生200円、小学生100円

北九州市

悠久の時を流れる自然のエネルギーに満ちたスポット

自然

白糸の滝《しらいとのたき》

さわやかな水しぶきを浴びると心のリフレッシュになりそう

標高９００ｍの羽金山の５３０ｍに位置する県指定の名勝「白糸の滝」は落差24ｍの岩肌を流れ落ちる絹糸の様な清水が幻想的。山から漲る生命力とマイナスイオンを体感し心身ともに癒されるスポットで、四季折々の色彩と滝のコントラストが美しく映える。

滝周辺ではヤマメ釣り体験や名物のそうめん流しも楽しめ、食事処「四季の茶屋」はヤマメを使った定食やそば打ち体験がファミリー層にも人気。あじさいの見頃に合わせて行われる「白糸あじさい祭り」も目を楽しませてくれる。

6月中旬から7月上旬に見頃を迎えるあじさい

秋にはイチョウや楓、もみじなど紅葉を楽しめる

おすすめ!
ふれあいの里

お出かけスポット

雷山千如寺大悲王院

樹齢400年以上の大楓が美しい寺院。

問）tel.092-323-3547
住）福岡県糸島市雷山626
時）9:00～16:30
休）要問合せ
料）大人400円

ACCESS

電車・バス　JR筑肥線 筑前前原駅下車、コミュニティバス 白糸行き終点から徒歩で約30分

車　西九州自動車道 前原ICから車で約30分

DATA

tel.092-323-2114

問 白糸の滝ふれあいの里
住 福岡県糸島市白糸460-6
時 9:00～17:00（7月～8月は ～18:00）
休 12/29～1/3、12月～3月は毎週水曜
料 なし　駐 200台（無料）
バ なし　HP http://www.kanko-itoshima.jp

景勝地
マイナスイオン
糸島市

安産・婦人病・子どもの夜尿症にご利益がある神社

川崎町

必見!
森の息吹

神社

淡島神社《あわしまじんじゃ》

子宝
健康運
マイナスイオン

緑生い茂る小丘の上にある淡島神社。厳粛ながらも温かみのある日差しが差し込む中、鳥居の下から続く階段は境内へと繋がっており登りきった場所に社殿が現れる。境内入口や本殿前には狛犬が鎮座しており、地域住民に「黒木の淡島さま」と呼び慕われ、安産、婦人病、子どもの夜尿症などの諸病に霊験があるといわれてる。

町内だけでなく遠方からの参拝者が絶えず、毎年5月3日に行う大祭は餅投げもある。

ACCESS

電車・バス JR日田彦山線　豊前川崎駅下車、町バス20分（1日3便）

車 九州自動車道 小倉南ICから国道322号線〜県道67号線田川方面へ車で約50分

DATA

tel.0947-72-3000

問 川崎町商工観光課
住 福岡県田川郡川崎町大字安眞木6135

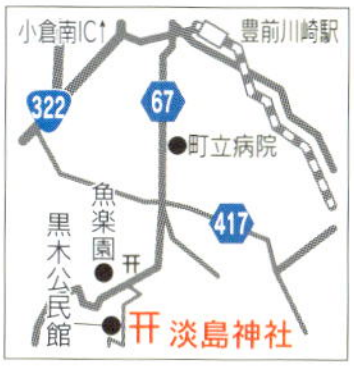

時 なし
休 なし
料 なし
駐 20台（無料）
バ なし
HP https://www.town-kawasaki.com/kanko/rekishi/896

朱い六本松橋の向こうに見える、良縁を願う神社

大任町

必見!
縁結び

神社

出雲神社《いずもじんじゃ》

家内安全
良縁・縁結び

県道から彦山川越しに見える出雲神社は、川面に映るその姿が一層美しく神秘的な神社。八雲立つ出雲の神様である大国主神を御祭神とし、初詣に限らず良縁を願う多くの参拝者が訪れる。大国主神は因幡の白兎の主人公や七福神のだいこく様としても有名であり、境内には大国主神と白兎の像が建っている。

隣には竜神様を祀った松長龍神もあり、家内安全、商売繁盛、子孫繁栄にご利益があると伝えられている。

ACCESS

電車・バス 大任町のコミュニティバス　六本松で下車、徒歩で約5分

車 八木山バイパス穂波東から飯塚庄内田川バイパス方面〜県道455号線へ車で約37分

DATA

tel.0947-63-3001

問 大任町産業経済課
住 福岡県田川郡大任町大字今任原1999-5

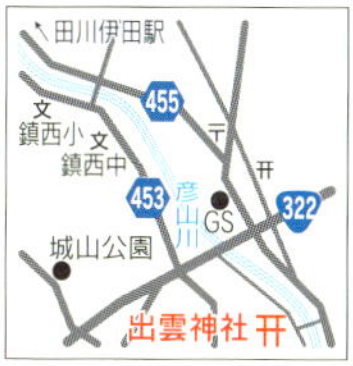

時 なし
休 なし
料 なし
駐 15台（無料）
バ なし
HP http://www.town.oto.fukuoka.jp/info/prev.asp?fol_id=1386

南北朝の雰囲気を残す足利尊氏ゆかりの古刹

寺院

興国寺《こうこくじ》

7世紀後半の創建とされ、足利尊氏・直義兄弟により安国寺随一として指定された威風堂々たる寺。開山は、渡元後に南禅寺（京都府）住持も務めた無隠元晦で、座像や興国寺文書、観音堂が県の有形文化財に指定され、その他にも数々の寺宝が今も伝わる。

境内には、尊氏が身をひそめたといわれる隠れ穴や、切った桜の枝を土中に逆さまにさして戦運を占ったという墨染桜など、征夷大将軍になるまでの数々のエピソードが残る。

家内安全　学業運　仕事運　商売繁盛

福智町

ACCESS

電車・バス 平成筑豊鉄道　赤池駅から福祉バスで興国寺入口下車

車 九州自動車道　八幡ICから国道200号線を経て県道22号線を田川方面へ車で約20分

DATA

tel.0947-22-7766

問 福智町まちづくり総合政策課
住 福岡県田川郡福智町上野1892

時 9:00～17:00
休 不定休
料 なし
駐 10台（無料）
バ なし
HP http://www.town.fukuchi.lg.jp/fukuchi_trip/bunkazai/other/1770.html

絶壁の鍾乳洞窟内に安置されている、丈六の薬師如来坐像

寺院

内尾山《うちおさん》 相圓寺《そうえんじ》

九州四十九院薬師霊場第七番札所の天台宗内尾山宝蔵院相圓寺は、山の絶壁にできた鍾乳洞窟に本尊があり、３m近い巨大な薬師如来坐像が安置されている。

国東仏教文化の系統を引く平安時代後期頃の作と推測され、地元では内尾薬師の名で親しまれており、耳病の人は願掛けをして回復した後洞窟内の石を本尊前に捧げて願を解いていた。小笠原藩の信仰厚く、参拝路には桜が植樹されており春には桜花爛漫となる。

家内安全　健康運　景勝地

苅田町

ACCESS

電車・バス JR日豊本線 苅田駅を下車、徒歩約30分

車 九州自動車道 苅田北九州空港ICから国道10号線を苅田市街地方面へ車で約10分

DATA

tel.093-436-2110

問 相圓寺
住 福岡県京都郡苅田町大字馬場268

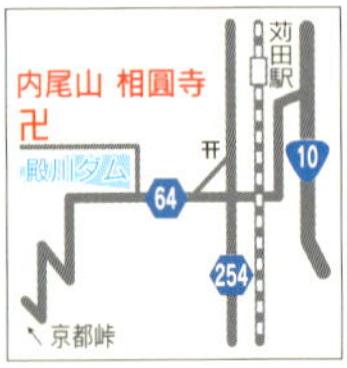

時 8:00～17:00
休 なし
料 なし
駐 20台（無料）
バ なし
HP http://www2u.biglobe.ne.jp/~yakusi49/

必見!
神相撲

4年に1度、神々が舞い相撲を取る神社

神社

八幡古表神社《はちまんこひょうじんじゃ》

勝負運
マイナスイオン
吉富町

神功皇后とその妹・虚空津姫命の二神を主祭神とし、西暦545年からの歴史を持つ由緒ある神社。神功皇后の御神像などの国指定重要文化財が多数保存されており、とりわけ有名なのが4年に1度開催される「細《くわし》男舞《おのまい》 神相撲《かみずもう》」。その縁起は奈良時代にまでさかのぼる歴史ある祭事で、全部で22体の傀儡子《くぐつ》の神様が相撲を取るさまは勇壮そのもの。

毎年8月の傀儡子御神衣を約千枚並べて行う虫干し神事「乾衣祭《おいろかし》」は圧巻。

ACCESS

電車・バス JR日豊本線 吉富駅を下車、徒歩約15分

車 東九州自動車道 豊前ICより約15分

DATA

tel.0979-22-3237

問 八幡古表神社（社務所）
住 福岡県築上郡吉富町大字小犬丸353-1

時 要問い合わせ
休 要問い合わせ
料 なし
駐 20台（無料）
バ トイレ・駐車場
HP https://kohyoujinjya.jimdo.com

必見!
神鹿園の鹿

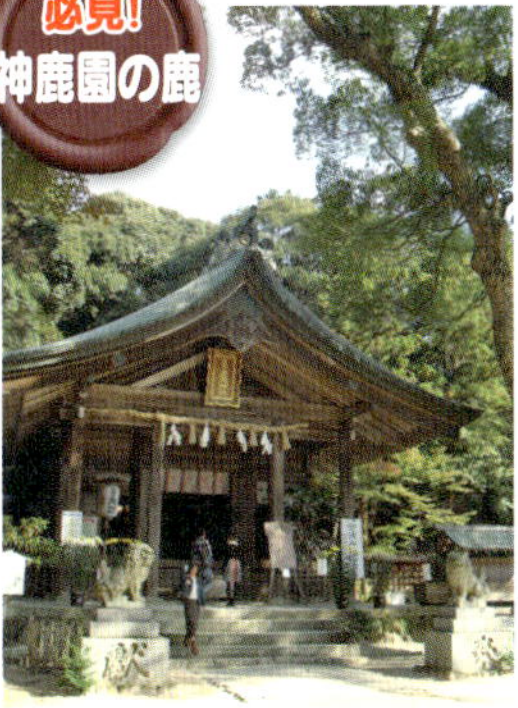

霊峰宝満山に鎮座する縁結びの神社

神社

宝満山《ほうまんざん》 竈門神社《かまどじんじゃ》

良縁・縁結び
マイナスイオン
太宰府市

大宰府政庁の鬼門を守り、古来より神々が宿る山として崇められる宝満山。この山の麓に竈門神社は鎮座し、玉依姫命などを祭神として祀っている。若い女性を中心に縁結び（良縁）の神さまと親しまれ、厄除・方除の神さまとしても信仰が厚い。

境内には「愛敬の岩」や「再会の木」など、恋愛・良縁にまつわるスポットが存在し、毎年4月には縁結び大祭が執り行われる。四季の景観も美しく宝満山の登山者などで1年中賑わう。

ACCESS

電車・バス 西鉄太宰府線　太宰府駅を下車し、太宰府市コミュニティバス（まほろば号）「内山（竈門神社前）」下車

車 九州自動車道　太宰府ICから太宰府天満宮方面へ車で約20分

DATA

tel.092-922-4106

問 竈門神社（社務所）
住 福岡県太宰府市内山883

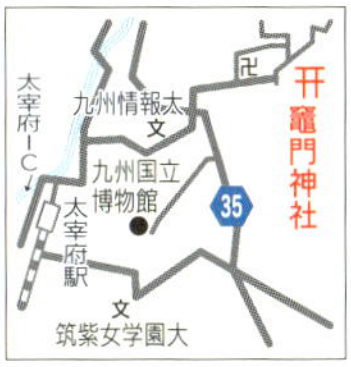

時 8:30〜19:00
（お札・お守り授与所）
休 なし
料 なし
駐 100台（400円）
バ トイレ
HP https://kamadojinja.or.jp

佐賀県

伊勢神宮の皇大神宮（内宮）を模して造られた、唯一神明造り様式の本殿

必見！
石造肥前鳥居

神社

伊勢神社《いせじんじゃ》

九州のお伊勢さんと呼ばれる、伊勢神宮の御分霊をいただいた神社

室町時代、一生に一度は参拝したいと憧れられていた伊勢神宮（三重県）に、佐賀から熱心に53回も参拝した杉野隼人の崇敬心が認められ、伊勢神宮の御分霊を特別に許可いただいた全国唯一の神社。

子孫繁栄、商売繁盛、五穀豊穣の神様として、また藩祖鍋島直茂夫妻の祈願が成就し、後に初代肥前佐賀藩主となる鍋島勝茂（伊勢神社にあやかり幼名を伊勢松とする）を授かるなど、子授祈願には特にご利益があるといわれている。

早朝の境内は特におすすめで、しっとりとした古のパワーを感じる雰囲気に心が洗われる。

狛犬マニア垂涎のユーモラスな表情の狛犬

恵比須様の数日本一の佐賀で最も古い時代の恵比須様

おすすめ！
石造肥前狛犬

おすすめ!!
縁結び絵馬

家内安全

子宝

商売繁盛

お出かけスポット

龍造寺八幡宮 子育て恵比須

鯛ではなく赤ちゃんを抱いた珍しい恵比須様。実際子供を授かった方も。

問）tel.0952-23-6049
住）佐賀県佐賀市白山1-3-2
時）なし
休）なし　　料）なし

ACCESS

電車・バス JR長崎本線 佐賀駅から護国神社前バス停で下車、徒歩で5分

車 長崎自動車道 佐賀ICから車で約20分

DATA

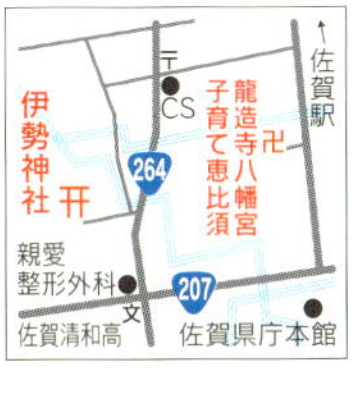

tel.0952-23-4221

問 伊勢神社
住 佐賀県佐賀市伊勢町9-8
時 なし
休 なし
料 なし　駐 20台（無料）
バ なし　HP http://www.isejinja.or.jp/

佐賀市

必見！
環壕集落

遺跡

吉野ヶ里遺跡《よしのがりいせき》

弥生人のパワーや知恵を感じる遺跡

一般人が住んでいた地域とされる南のムラ。竪穴住居3〜4棟に高床式倉庫が1棟ついている

◆世紀の大発見　吉野ヶ里遺跡

昭和61年（1986）からの発掘調査によって発見され、世紀の大発見として注目を集めた吉野ヶ里遺跡は、吉野ヶ里町と神埼市にまたがる日本最大級の環壕集落遺跡である。弥生時代の大きな特徴である水稲耕作が始まり、それに伴う人口の増加や集団の巨大化、リーダーの出現など、ムラからクニへと発展していく様子を知るための貴重な遺構が次々と出土している。

有柄銅剣やガラス製管玉などの出土品は国の重要文化財に指定されるなど高い歴史的価値を持ち、また、出土品の中には中国や朝鮮半島のものと類似したものも多く、弥生時代から既に大陸や朝鮮半島の影響を強く受けていたことが明らかになった。吉野ヶ里遺跡は古代人の生活を現代人に伝える大きな役割を担ったと云える。

当時の交易の中心と考えられる倉と市

おすすめ!
北墳丘墓

おすすめ!!
祭殿
(北内郭)

景勝地

マイナスイオン

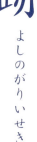

弥生人の生活を体験できる吉野ヶ里歴史公園

現在、吉野ヶ里遺跡は吉野ヶ里歴史公園として整備されている。優れた文化遺産である吉野ヶ里遺跡の保存と弥生時代の施設の復元などを通して、弥生時代を体感できる場を創出するために作られた公園である。

公園内には弥生時代後半の吉野ヶ里を復元している遺跡エリアと遊具・芝生のエリアがある。遺跡エリアでは「勾玉づくり」や「火おこし体験」、コースターなどを作る「機織体験」、楽器を作る「土笛づくり体験」など多種多様の体験プログラムを開催している。

また、遊具・芝生のエリアでは大人から子供まで楽しめるスポーツもできる。弥生人の生活を体験することで、われわれ現代人の生活を見つめ直す良い機会になるかもしれない。

南内郭の風景

日常生活ではなかなかできない火起こし体験

勾玉や土笛・鏡・銅鐸の製作など、古の祭殿で使われたであろう道具をつくる体験も出来る

お出かけスポット壱

吉野ヶ里遊学館

神埼の観光案内と名産品を展示販売する、まさに神埼の道しるべ。

問）tel.0952-53-8587
住）佐賀県神埼市神埼町田道ヶ里2606-1
時）9:00～18:00（3月～10月）
9:00～17:00（11月～2月）
休）水曜　料）なし

お出かけスポット弐

神埼宿場茶屋

神埼麺を使った料理が自慢の天神亭と特産品販売所が併設。

問）tel.0952-53-3040
住）佐賀県神埼市神埼町神埼611
時）9:00～17:30
休）第2・第4火曜

ACCESS

電車・バス　JR長崎本線 吉野ヶ里公園駅から徒歩で約15分

車　長崎自動車道 東脊振ICから車で約5分

※写真は国営海の中道海浜公園事務所所有

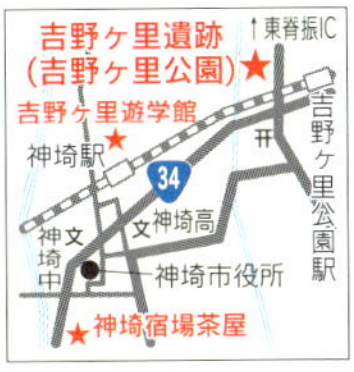

DATA

tel.0952-55-9333

問 吉野ヶ里公園管理センター
住 佐賀県神埼郡吉野ヶ里町田手1843
時 9:00～17:00、6/1～8/31は、9:00～18:00
休 12/31、1月第3月曜およびその翌日
料 大人（15歳以上）460円、中学生以下無料、シルバー（65歳以上）200円
駐 普通車1,080台（1日310円）、大型車111台（1日1,050円）、二輪車50台（1日100円）
バ 施設自体、トイレ、駐車場
HP http://www.yoshinogari.jp

数千年前の古代パワーが今もなお満ち溢れる神秘の巨石群

自然

巨石パーク《きょせきぱーく》

必見!
17基の巨石群

巨石パークで代表的な烏帽子(えぼし)岩。このような巨石が17基点在する

10mを超える巨石がピラミッド型をした山中に数千年の時を超え静かに佇む神秘の空間。ここで不思議体験をした人は数知れず、明治時代は太宰府天満宮(福岡県)に次いで、九州の観光スポットとして多くの人々が恩恵を受ける為に訪れていた秘境。今は海外からも石の持つパワーを受けるため登る人もいるほど。

與止日女神社の上宮としても人々に崇められており、巨大な石が常識ではありえない姿で佇み、天の岩門の巨石は岩の間から光が差し込む姿があたかも天照大神《あまてらすおおみかみ》が姿を現す光景のようで霊験あらたか。

天岩戸に似ている天の岩門

3つの石がドルメンの様に集積している道祖神石

おすすめ!
自然の造形美

おすすめ!!
トレッキング

子宝 学業運 景勝地 マイナスイオン

佐賀市

お出かけスポット

與止日女神社

石に触れ願うと白い玉のような子が生まれる言い伝えの石がある。

問) tel.0952-62-5705
住) 佐賀県佐賀市大和町大字川上1-1
時) なし
休) なし　料) なし

ACCESS

電車・バス 佐賀駅バスセンターから尼寺バス停を下車、タクシーで約10分

車 長崎自動車道 佐賀大和ICから車で約5分

DATA

tel.0952-64-2818

問 巨石パーク管理棟
住 佐賀県佐賀市大和町大字梅野329-5
時 9:00～17:00　休 なし(但し雨天時は休園)
料 なし　駐 200台(普通車300円)
バ なし
HP http://www.city.saga.lg.jp/contents.jsp?id=4474

武雄神社の主神は300年以上生きたとされる武内宿禰

神社

武雄神社《たけおじんじゃ》

1200年以上の歴史を持つ神社

武雄神社は武雄町武雄の御船山の麓にあり、735年に創建された、武雄市内で最も古い神社である。源頼朝が戦勝祈願のために使者を遣わしたとされる古文書が残っており、その際に武雄領主が流鏑馬を奉納したことから、毎年10月22日・23日に行われる武《たけ》雄《お》供日《くんち》では流鏑馬が奉納されている。

また、神木の「武雄の大クス」は樹齢3000年以上とされ、龍が巻きついていると言われている。大きな口のような12畳ほどの巨大な空洞内には天神が祀られ、立ち入り禁止となった今でも信仰の対象となっている。

鬱蒼とした森の中で神々しさを感じさせる

800年以上も続いている流鏑馬行事

おすすめ! 大クス

おすすめ!! 流鏑馬

ACCESS

電車・バス JR佐世保線 武雄温泉駅を下車、徒歩で約15分

車 長崎自動車道 武雄北方ICから国道34号線を武雄市街地方面へ車で約8分

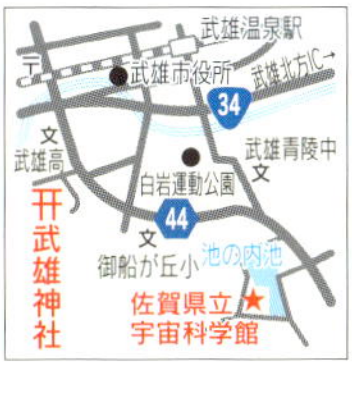

DATA

tel.0954-22-2976

問 武雄神社
住 佐賀県武雄市武雄町武雄5327
時 なし
休 なし
料 なし 駐 28台（無料）
バ なし HP なし

お出かけスポット

佐賀県立宇宙科学館

九州最大規模の自然科学系博物館。大人から子どもまで楽しめる。

問）tel.0954-20-1666
住）佐賀県武雄市武雄町大字永島16351
時）9:15~17:15(平日)、~18:00(土日祝)、~19:00(GW・夏休み・春休み))
休）月曜(月曜が祝日の場合は翌日)、年末年始

金運上昇

勝負運

健康運

武雄市

神社

宝当神社《ほうとうじんじゃ》

宝くじの高額当選を狙うならこの神社

必見！ 高額当選

この鳥居をくぐった先に宝当神社がある

宝当神社は唐津市の北約2kmに浮かぶ高島という島にある神社である。祭神はその昔、海賊を退治して高島を守った野崎隠岐守綱吉命である。

長年、島の人々の願いを叶えてくれる神社として島民に大切にされていたが、平成になった頃から宝当の名前にあやかって、「宝くじが当たりますように」と、宝当神社に参拝する人が増えだした。そして参拝者や島民からも高額当選者が出るなど、そのご利益がメディアで紹介されるようになると一気に有名な神社となった。現在の年間参拝者は15万人程にも至っている。

おすすめ!! セレブお守り

ここで参拝すると高額当選間違いなし!?

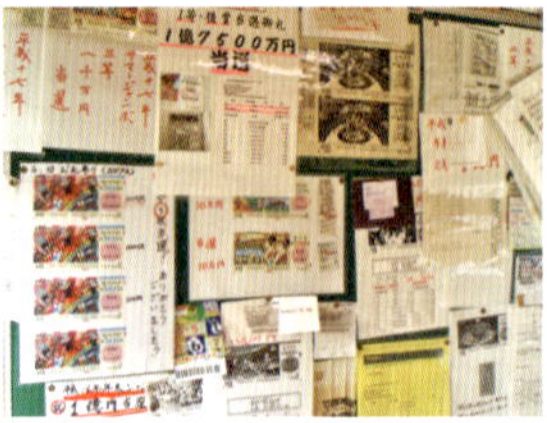
宝くじ当選者の喜びや感謝の手紙

ACCESS

電車・バス JR唐津線　唐津駅下車、徒歩で約15分後、宝当桟橋から船で約10分

車 長崎自動車道　唐津ICから車で約15分後、唐津城前市営駐車場に駐車、宝当桟橋から船で約10分

DATA

tel.0957-74-3715

問 宝当神社
住 佐賀県唐津市高島523
時 8:00～17:00　休 なし　料 なし
駐 100台
（唐津城前市営駐車場、2時間で400円）
バ なし　HP http://houtoujinja.jp

お出かけスポット

唐津城

別名「舞鶴城」とも呼ばれる唐津城。天守閣からの眺めは絶景。

問）tel.0955-72-5697
住）佐賀県唐津市東城内8-1
時）9:00～17:00
休）12月29日～31日
料）一般500円、小・中学生250円

子宝
金運上昇
勝負運
唐津市

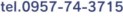

ライトアップされた紅葉に魂を癒される

神社

大山祇神社《おおやまづみじんじゃ》

良縁・縁結び
健康運
マイナスイオン

鳥栖市

大山祇神社は鳥栖市北西部の九千部山の中腹にある神社である。長い間、周囲の住民によって守られてきた神社であり、五穀豊穣と無病息災を祈願する祭礼行事が受け継がれている。境内には巨木が群生しており、周囲の農村風景と合わせて四季折々の様々な景観を楽しむことができる。

特に秋は神社と紅葉をライトアップするイベントが行われ、真っ赤な紅葉に彩られた神社が照らされる様子は神秘的な雰囲気を醸し出す。

ACCESS

電車・バス JR鹿児島本線　弥生が丘駅下車、車で約20分

車 長崎自動車道 鳥栖ICから車で約25分

DATA

tel.0942-85-3605

問 鳥栖市商工振興課
住 佐賀県鳥栖市河内町

時 なし
休 なし
料 なし
駐 なし
バ なし
HP http://www.tosu-kanko.jp/

清らかな水に囲まれ、心まで清らかになる

寺院

清水山見瀧寺宝地院《きよみずさんけんりゅうじほうちいん》

家内安全
海難防止
景勝地
マイナスイオン

小城市

「全国名水百選」の一つに選ばれた、清冽な水が流れる清水川。その上流に、西日本一の名瀑布との呼び声高い「清水の滝」がある。そして、その滝のすぐ傍らに立つのが、佐賀初代藩主鍋島勝茂が観世音菩薩を勧請し、寛永4年（1627）に再興した清水山見瀧寺宝地院である。

現在も観音信仰と水かかり修行の霊場として多くの人が訪れており、鯉料理店が門前に軒を連ね、清水の名物となっている。

ACCESS

電車・バス JR唐津線 小城駅で下車、車で約10分

車 長崎自動車道 小城スマートICから車で約5分

DATA

tel.0952-37-6129

問 小城市商工観光課
住 佐賀県小城市小城町松尾2209-1

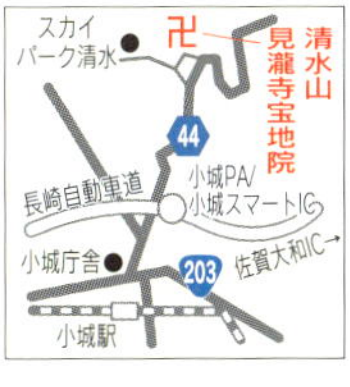

時 なし
休 なし
料 なし
駐 約60台（無料）
バ 駐車場3台(無料)
HP http://www.city.ogi.lg.jp/

コラム 水紀行

日本一の地下水都市 熊本市

熊本市は水道水源を100％天然地下水でまかなう日本一の地下水都市。長年水を守る活動を続け国内で最も優れた取り組みとして、日本水大賞グランプリを2008年に受賞した。

世界有数のカルデラ、阿蘇の山々に降り注ぐ雨が大地に浸透。ゆっくりと時間をかけミネラル分や炭酸成分がバランスよく溶け込み身体に優しい天然水となる。水道水としては特級水の質を誇る水。蛇口をひねると天然のミネラルウォーターといわれる程、最高の水とともにある暮らしが熊本にある。

長崎県

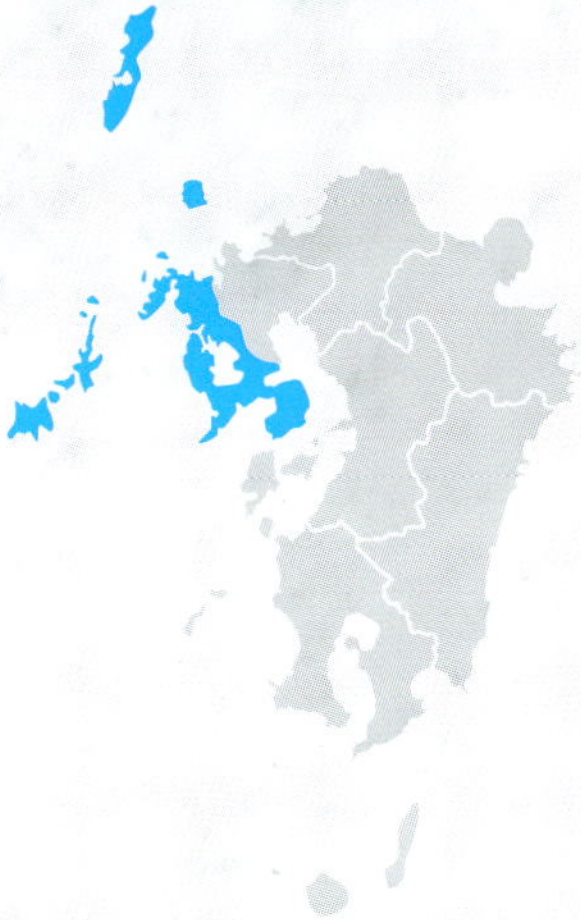

総氏神様として長崎人に愛される、長崎を代表する神社

神社

鎮西大社《ちんぜいたいしゃ》 諏訪神社《すわじんじゃ》

長崎くんちの舞台にふさわしい、広々とした境内。その社殿は神々しさを感じさせる

通称「お諏訪さん」として親しまれる神社

長崎市民のみならず、長崎県民からも「お諏訪さん」の愛称で親しまれている諏訪神社は寛永2年（1625）に初代宮司青木賢清によって、諏訪・森崎・住吉の三社を再興し、西山郷円山（現在の松森天満宮の地）に創建、長崎の産土神としたのが始まりである。さらに、慶安元年（1648）には徳川幕府より朱印地を得て、現在地に鎮西無比の荘厳な社殿が造営された。安政4年に不慮の火災に遭い、社殿のほとんどを焼失したが、孝明天皇により明治2年に約10年の歳月をかけて以前に勝る社殿が再建され、さらに2度の造営を行い、現在の社殿が完成した。

諏訪神社の大祭（長崎くんち）は絢爛豪華で異国情緒のある祭りとして日本三大祭の一つに数えられ、国の重要無形民俗文化財に指定されている。

長坂と呼ばれる石段の先に本殿がある

勝負運

良縁・縁結び

海難防止

おすすめ!
高麗犬井戸

おすすめ!!
陰陽石

長崎市

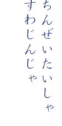

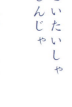

お金を洗うと倍増してくれると言われる高麗犬井戸

水に関する願いを叶えてくれるカッパ狛犬

◆悩めるあなたの願い事、引き受けます

諏訪神社の参道の敷石には男石と女石と呼ばれる幾何学模様の石が埋め込まれている。男性が女石を、女性が男石を踏んだ後に、拝殿前にある両性が合体した合体石を踏んで参拝すると、縁結びの願いが叶うと言われている。江戸時代から続くロマンチックな風習である。

また、境内にはたくさんの狛犬がいる。最も有名な願掛け狛犬には、遊女が宿泊客の船員を長居させるために、狛犬を海の方向へ向けて荒天を祈ったという逸話がある。その他にも、心のトゲを抜いてくれるトゲ抜き狛犬、狛犬の口から流れる水でお金を洗うと倍増するという高麗犬井戸《こまいぬのいど》などがあり、毎年多くの参拝客が訪れている。

男女の縁を結ぶとされる陰陽石（左：合体石、中央：男石、右：女石）

お出かけスポット壱

長崎歴史文化博物館

近代長崎の歴史文化に関わる歴史資料、美術工芸館などを観れる博物館。

問）tel.095-818-8366
住）長崎県長崎市立山1-1-1
時）8:30～19:00(12月～3月は～18:00)
休）第3月曜
料）大人600円、小中高学生300円

お出かけスポット弐

長崎街道ここに始まるの碑

かつて江戸と長崎を結ぶ要所でシーボルトも歩いたとされる。また、当時砂糖が出島から他の地域に運ばれたためにシュガーロードとも呼ばれている。

時）なし
休）なし

ACCESS

電車・バス　路面電車 諏訪神社電停下車、徒歩で約5分

車　JR長崎本線 長崎駅から車で約5分
長崎自動車道 芒塚ICから車で約13分

DATA

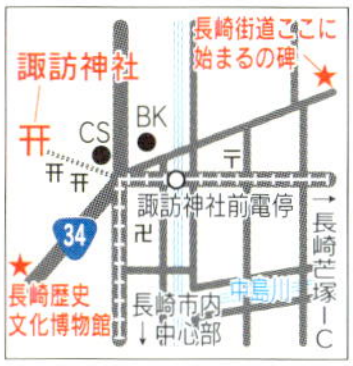

tel.095-824-0445

問 鎮西大社諏訪神社
住 長崎県長崎市上西山町18-15
時 8:00～17:30（境内見学は自由）
休 なし　料 なし
駐 80台（無料）　バ なし
HP http://www.osuwasan.jp

日本の新しい夜明けを夢見た人々のパワーが感じられる聖地

現存する日本最古の木造洋風建築である旧グラバー住宅。現在は、耐震化を含む保存修理工事のため見学に制限がある。

庭園

グラバー園

ぐらばーえん

新時代を切り拓いた若者たちが集まった場所

遠くスコットランドの地から21歳の若さで来日した後、わずか2年後に独立し、グラバー商会を創立。エネルギーにあふれたトーマス・ブレーク・グラバーの周囲には、新時代を切り開き、維新の風を吹かせようとする多くの若者が集まった。グラバー園は幕末に活躍した偉人たちのパワーの記憶を留める地でもある。

屋根は日本瓦で覆われ、壁は日本の伝統的な土壁を用いながら、室内は西洋風という和洋折衷の住宅である旧グラバー住宅は、1863年に建てられた現存する日本最古の木造洋風建築である。今もグラバー園に立って海を眺めれば、新しい世界への扉を開き、西洋と日本の架け橋たらんとしたグラバーの熱い思いが、今もなお感じられる。

鎖国時代でも貿易を続けた長崎の港が一望

おすすめ！ 夜景

仕事運
良縁・縁結び
景勝地

ロマンあふれる歴史の舞台　グラバー園

旧グラバー住宅は建築から増改築を繰り返し、現在のような型になった。また現在、温室がある場所には明治38年まで大きな松が家の屋根を突き破るようにそびえ立っており、グラバーはこの松の木にちなんで自邸を「IPPON MATSU」と呼んでいた。グラバー園には他にも、国指定重要文化財の旧リンガー住宅や旧オルト住宅など、見所がたくさんある。

そして、現在のグラバー園でひそかに囁かれる新しい伝説は、ハート型の敷石にまつわるものである。ハートストーンに触ると恋が叶う、2つ見つけると良いことがあるなど様々である。ハートストーンを探しながらグラバー園を散策すると願いが叶うかもしれない。

松の木がそびえたっていた旧グラバー住宅の温室

グラバー園のハートストーン。見つけると良いことがあるかも

異国情緒溢れる旧オルト住宅のライトアップ。幻想的な様子は夜間開園時にしか見ることが出来ない

お出かけスポット壱

オランダ館

店頭のかわいい龍馬人形が目印。長崎ならではのお土産が揃う。

問）tel.095-827-6616
住）長崎県長崎市南山手町4-8
時）9:30～18:00
休）月曜

お出かけスポット弐

長崎市べっ甲工芸館

べっ甲細工の技術と技能の保存のため、全国の貴重な作品や歴史資料を収集保存している。

問）tel.095-827-4331
住）長崎県長崎市松が枝町4-33
時）9:00～17:00
休）12月29日～1月3日
料）一般100円、小中学生50円

ACCESS

電車・バス　路面電車 石橋電停から徒歩で約8分

車　長崎自動車道 長崎ICから長崎出島道路を大浦方面へ車で約5分

DATA

tel.095-822-8223

問 グラバー園　住 長崎県長崎市南山手町8-1
時 8:00～18:00
時期により夜間開園を開催
最終入園受付20分前まで
休 なし
料 大人620円、高校生310円、小中学生180円
駐 なし　バ トイレ
HP http://www.glover-garden.jp/

自然に溶け込み、木の存在を身近に感じられる神社

神社

松森天満宮《まつのもりてんまんぐう》

必見！
職人尽

まるで森の中にいるような、落ち着いた気分にさせてくれる拝殿。この後ろに本殿がある

学問の神様として知られる菅原道真を祀っている松森天満宮。名前の由来はその昔、松森天満宮がある所に3株の松が生えており、3つの木を合わせると森の字になるからだと言われている。現在は松の代わりにクスノキが群生している。

本殿の瑞垣《みずがき》の欄間《らんま》には中世の職人が仕事をしている様子を彫刻し、彩色した鏡版をはめ込んだ職人尽《しょくにんづくし》が30枚飾られている。描かれている職人は菓子職人や瓦職人、薬剤師など様々である。歴史民俗資料としてはもちろん、美術品としての価値も高いものであるが、いつでも自由に見ることができる。

おすすめ！
クスノキ群

職人の仕事の様子が緻密に描かれた職人尽

明治44年に建てられた松森天満宮の鳥居

お出かけスポット

ラナルドマクドナルド顕彰碑

嘉永元年(1848)の鎖国時代に利尻島に上陸後囚われて長崎に護送される。その後日本人に初めて英会話を教える英語教師のパイオニアとなった彼の顕彰碑。

問）なし
住）長崎県長崎市上西山町
時）なし
休）なし

ACCESS

電車・バス 路面電車 諏訪神社電停下車、徒歩で約5分

車 JR長崎本線 長崎駅から車で約5分
長崎自動車道 芒塚ICから車で約13分

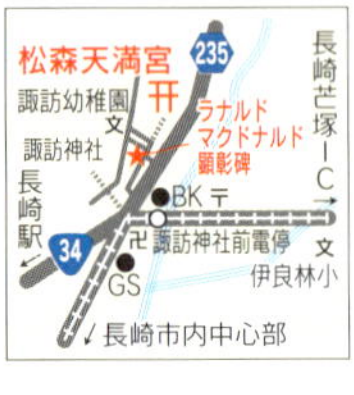

DATA

tel.095-822-7079

問 松森天満宮
住 長崎県長崎市上西山町4-3
時 なし
休 なし
料 なし　**駐** 10台（無料）
バ なし　**HP** なし

学業運
商売繁盛
健康運
長崎市

長崎を象徴する国内最古の石橋

石橋

眼鏡橋《めがねばし》

水面に映った橋と合わさってまるで眼鏡のように見える。昔の人々も眼鏡を連想したのだろう

眼鏡橋は国内最初のアーチ型石橋として国の重要文化財に指定されている橋である。実際の橋の姿と水面に映った橋の姿とが合わさって眼鏡のように見えることから眼鏡橋と呼ばれるようになったとされる。興福寺の住職を務めた黙子如定《もくすにょじょう》が架橋を行った眼鏡橋は頑丈な橋であったが、1982年の長崎大水害で大きく破損した。その際にそれまで隠れていた階段部分が露出し、以降は階段付きとなった。

その階段を降りたところにある堤防には、ハートストーンと呼ばれる石がたくさん埋め込まれ、見つけると幸せになれると言われている。

おすすめ！
眼鏡の形

はっきりとしたハート型の石

ハートストーンは10個以上あるという説もある

お出かけスポット

岩永梅寿軒

天保元年の創業以来、伝統を守り続ける老舗菓子店。第24回全国菓子博覧会名誉総裁賞受賞の「もしほ草」が有名。

問）tel.095-822-0977
住）長崎県長崎市諏訪町7-1
時）10:00～19:00
休）不定休

ACCESS

電車・バス　路面電車 めがね橋電停下車、徒歩で約5分

車　JR長崎本線 長崎駅から車で約10分
長崎自動車道 芒塚ICから車で約13分

DATA

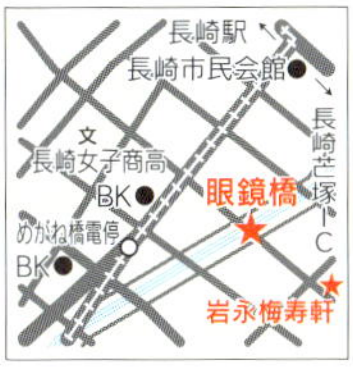

tel.095-822-8888

問 長崎市コールセンター「あじさいコール」
住 長崎県長崎市魚の町
時 なし
休 なし
料 なし　駐 なし
バ なし　HP なし

良縁・縁結び

景勝地

長崎市

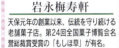

寺院

興福寺《こうふくじ》

日本最古の唐寺 国内最初の黄檗寺院

アーチ型の黄檗天井などが珍しい大雄宝殿

興福寺は元和6年（1620）に創建された日本で最初の黄檗禅宗の唐寺である。長崎で一番大きな朱色の山門があり、地元の人々には「あか寺」として親しまれている。

興福寺には、日本最古の石橋である眼鏡橋を架けた黙子如定《もくすにょじょう》、南画の祖と呼ばれる逸然《いつねん》などの名僧が住持した。逸然は中国の高僧隠《いん》元《げん》禅師を初めて日本に招き、隠元禅師はその名のついたインゲン豆やごま豆腐といった食べ物から、印鑑やダイニングテーブルといったものまで、多種多彩な明朝文化を日本に伝え、現在の日本の生活にも大きな影響を与えた。

受験生が合格祈願に訪れる中島聖堂遺構大学門

山門の東明山の扁額は隠元禅師の書

おすすめ!
東明山の扁額

お出かけスポット

萬順

明治17年創業。脆麻花などの長崎伝統中華菓子はお土産に最適。

問）tel.095-824-0477
住）長崎県長崎市諏訪町7-28
時）10:00～20:00
休）なし

ACCESS

電車・バス 路面電車 市民会館前下車、徒歩で約8分

車 JR長崎本線 長崎駅から車で約8分
長崎自動車道 芒塚ICから車で約8分

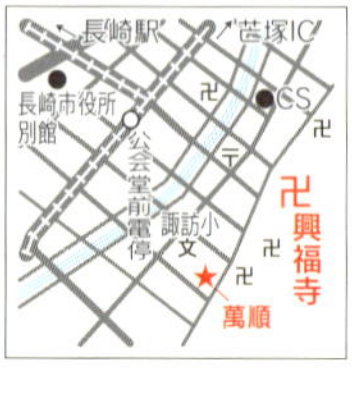

DATA

tel.095-822-1076

問 興福寺
住 長崎県長崎市寺町4-32
時 8:00～17:00　休 なし
料 大人300円、中高生200円、小学生100円
駐 5台（無料）
バ なし　HP http://kofukuji.com

商売繁盛
勝負運
良縁・縁結び
海難防止

長崎市

長崎県

唐寺でありながら落ち着いた佇まいを見せる寺院

寺院

聖福寺《しょうふくじ》

家内安全　景勝地

長崎市

興福寺、崇福寺、福済寺と並び、長崎四福寺と称される聖福寺。延宝5年（1677）、隠元禅師の高弟、鉄心によって創建された黄檗宗の唐寺である興福寺や崇福寺が朱色を基調とした寺院であるのに対し、清福寺は朱色を極力避け、落ち着いた色を基調としていて、独特の威厳を放っている。長崎市内最大の梵鐘「鉄心の大鐘」や弥勒菩薩（布袋さん）など見どころが多い寺院でもある。

ACCESS

電車・バス 路面電車 桜町電停下車、徒歩で約5分

車 JR長崎本線 長崎駅から車で約5分
長崎自動車道 芒塚ICから車で約13分

DATA

tel.095-823-0282

問 聖福寺
住 長崎県長崎市玉園町3-77

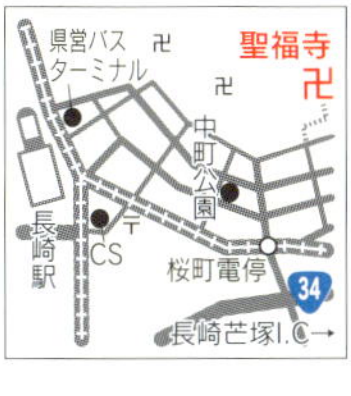

時 9:00～17:00
休 なし
料 なし
駐 なし
バ なし
HP なし

縁結びから病気までなおしてもらえる

寺院

清水寺《きよみずでら》

子宝　学業運　商売繁盛　良縁・縁結び

長崎市

清水寺は元和9年（1623）、京都の音羽山清水寺の僧慶順によって開創され、寛文8年（1668）に現在の本堂が建立された。

地元の人々に「きよみずさん」と呼ばれ親しまれている清水寺には、撫でてもらった部分の病気が治るという「びんづる様（撫で仏様）」や、元々迷子探しに使われていたが、男女の縁結びにも役立てたと言われる「奇縁氷人石」などがあり、思い思いのご利益を授かることができる。

ACCESS

電車・バス 路面電車 正覚寺下電停から徒歩約3分

車 JR長崎本線 長崎駅から車で約15分

DATA

tel.095-823-3319

問 清水寺
住 長崎県長崎市鍛冶屋町8-43

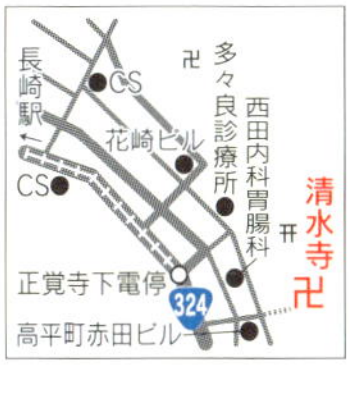

時 9:00～17:00
休 なし
料 なし
駐 20台（無料）
バ なし
HP http://homepage3.nifty.com/kiyomizudera/

神社

伊勢宮《いせのみや》

長崎県下で初めての神前結婚式が行われた神社

電車通りから脇道に入り見えてくる伊勢宮は、落ち着いた佇まいを見せる

必見！
天照皇大神

おすすめ！
クスノキ

おすすめ!!
三十六歌仙額絵

諏訪神社、松森天満宮と並び、長崎三社と称される伊勢宮。天照皇大神を祀っていた祠をキリシタンに破壊されたが、寛永6年（1629）に地元町民の申し出により再興したのが現在の伊勢宮である。現在も毎日のように参拝される方がいて、地元に愛されていることが分かる。

神社の拝殿内には三十六歌仙額絵が飾られており、300年以上前の絵を自由に見ることができる。また、境内の右奥にある巨大なクスノキには、母乳が出ずに困っていた母親が米のとぎ汁をかけて祈ったところ、母乳が出るようになったという伝説がある。

女性がよく参拝に来るというクスノキ

左から斎宮女御、小野小町、中納言兼輔

ACCESS

電車・バス　路面電車 諏訪神社前電停下車、徒歩で約5分

車　JR長崎本線 長崎駅から車で約10分

DATA

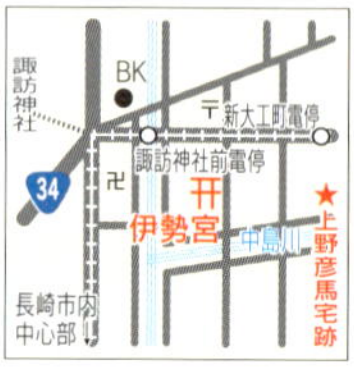

tel.095-823-2665

問 伊勢宮社務所
住 長崎県長崎市伊勢町2-14
時 なし
休 なし
料 なし　駐 5台（無料）
バ なし　HP なし

お出かけスポット

上野彦馬宅跡

日本で最初期の商業写真家として撮影局を開業した上野彦馬の屋敷跡。坂本龍馬や高杉晋作、グラバーなどの写真もここで撮られた。

問）なし
住）長崎県長崎市麹屋町6-2
時）なし
休）なし

家内安全　仕事運　長崎市

巨大な慈母観音が平和を祈り続ける

寺院

福済寺《ふくさいじ》

唐僧・覚悔が弟子の了然と覚意を伴って、媽祖《まそ》（航海の神様）を祀ったのが福済寺の起源とされている。本堂である大雄宝殿をはじめ、戦前の福済寺の建造物の多くが国宝に指定されていたが、原爆によって全焼した。現在の福済寺のシンボルとして目立っているのが、巨大な白銀の亀に乗った迫力ある観音立像である。原爆被災者と戦没者の慰霊と平和を祈って建立された像からは、平和への強い願いが感じられる。

家内安全　子宝　学業運　良縁・縁結び

長崎市

ACCESS

電車・バス 路面電車　長崎駅前電停下車、徒歩で約8分

車 JR長崎本線 長崎駅から車で約3分

DATA

tel.095-823-2663

問 福済寺

住 長崎県長崎市筑後町2-56

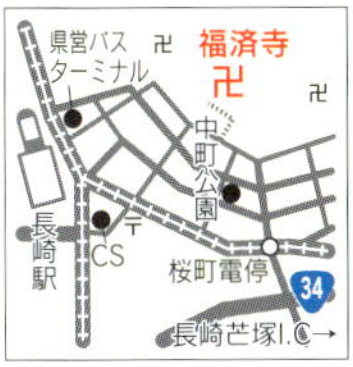

時 8:00～16:00
休 なし
料 なし
駐 10台（無料）
バ なし
HP なし

キリシタン時代の遺構が残る寺院

寺院

本蓮寺《ほんれんじ》

元和6年（1620）、日蓮宗の僧である日恵によって建立された本蓮寺。本蓮寺が建つ前はサン・ラザロ病院とサン・ジョアン・バウチスタ教会があったが、バテレン追放令によって取り壊されてしまった。キリシタン寺院時代の遺構として南蛮人が掘ったという南蛮井戸が現在でも残っている。

勝海舟が海軍伝習所時代に宿泊していたことでも知られており、海舟は長崎の梶クマと恋に落ちたという。

良縁・縁結び　景勝地

長崎市

ACCESS

電車・バス 路面電車　長崎駅前電停下車、徒歩で約5分

車 JR長崎本線 長崎駅から車で約2分

DATA

tel.095-822-1652

問 本蓮寺

住 長崎県長崎市筑後町2-10

時 なし
休 なし
料 なし
駐 5台（無料）
バ なし
HP なし

昔から長崎を見守り続けた巨大なクスノキ

寺院

観善寺の大クス《かんぜんじのおおくす》

　観善寺の山門をくぐり、石段を上がると、左側に胸高幹囲８ｍ、樹高20ｍの巨木が見える。その巨木が長崎の人に親しまれ、長い間長崎を見守ってきた観善寺の大クス。

　市指定天然記念物である大クスは、平成18年に台風による塩害で枯死の危険にさらされたが、樹木医の懸命の治療により、現在は樹勢を取り戻しつつある。人に支えられながらも必死で生きる姿に勇気をもらえることだろう。

景勝地　マイナスイオン

長崎市

ACCESS

電車・バス 路面電車 桜町電停下車、徒歩で約5分

車 JR長崎本線 長崎駅から車で約5分

DATA

tel.095-822-2616

問 観善寺

住 長崎県長崎市玉園町3-81

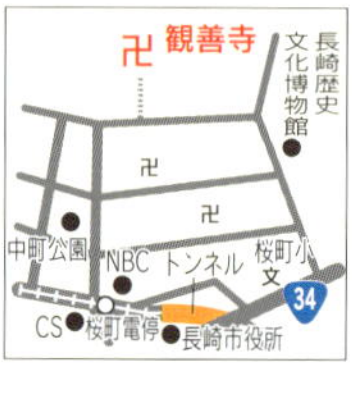

時 なし

休 なし

料 なし

駐 2台（無料）

バ なし

HP なし

原爆の遺構を残す一本柱鳥居と大クスノキのある神社

神社

山王神社《さんのうじんじゃ》

　山王神社は長崎市で唯一の原爆による現状が残る一本柱鳥居と樹齢5～600年と伝えられる2本の大クスがある事で有名である。

　一本柱鳥居は原爆被災で爆心側の左半分が吹き飛ばされたが、奇跡的に右半分だけの一本柱の状態で残っている。また、大クスも一時は全て落葉し、枯木同然になったにも係わらず、2ヶ月で驚異的な回復により再び新芽を芽吹かせた。その奇跡的な力に参拝者が後を絶たない。

家内安全　健康運

長崎市

ACCESS

電車・バス 路面電車　大学病院前電停下車、徒歩で約7分

車 JR長崎本線 長崎駅から車で約10分

DATA

tel.095-844-1415

問 山王神社

住 長崎県長崎市坂本2-6-56

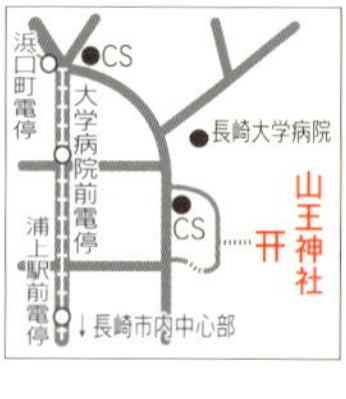

時 なし

休 なし

料 なし

駐 なし

バ なし

HP http://sannou-jinjya.jp/

長崎県

矢上神社
やがみじんじゃ

天の神様より愛された、歴史ある神社

必見！剣矢

本殿の奥に御神体である剣先が奉納されている

貴重な天井絵は誰でも観ることができる

またぎ石 これをまたぐと安産祈願になる

蒙古襲来の国難からこの地を守ると、天より平野の平原という所に舞い降りてきた剣矢を御神体として祀ったのが矢上村（矢神村）の地名の起こりとされている。この矢の神様に感謝して造られたのが矢上神社である。平成25年に新築された拝殿には、龍馬を支援した小曽根乾堂らによる180枚の貴重な天井絵が飾られている。

毎年10月17日に催される例祭は「矢上くんち」と呼ばれ、8つの村で奉納される踊りの中には、県の無形文化財に指定されている「間の瀬の狂言」や、「コッコデショ」などがある。

おすすめ！天井絵

おすすめ!!矢上くんち

お出かけスポット

長崎ペンギン水族館
国内最大級のペンギンプールと飼育種類を誇る水族館。

問 tel.095-838-3131
住 長崎県長崎市宿町3-16
時 9:00～17:00
休 無休
料 一般520円、幼児・小中生310円

ACCESS

電車・バス 長崎県営バス 矢上バス停下車、徒歩で約1分

車 長崎市街から国道34号線を矢上方面へ車で約30分

DATA

tel.**095-839-0909**

問 矢上神社
住 長崎県長崎市矢上町14-1
時 9:00～17:00
休 なし（ただし、ご祈願は要問合せ）
料 なし　駐 20台（無料）
バ なし　HP なし

家内安全／子宝／金運上昇／健康運

長崎市

江戸時代の流行「みさき道」を通って観音寺へ

寺院

みさきの観音寺《みさきのかんのんじ》

家内安全
子宝
健康運
海難防止

長崎市

和銅2年（709）に行基菩薩によって建立され、江戸時代に曹洞宗の寺院として再建された観音寺。この寺の本尊が行基によって彫られた、国指定重要文化財の千手観音像である。観音信仰が盛んだった江戸時代には、唐人屋敷跡近くの十人町から千手観音に参詣するために、「みさき道」と呼ばれる片道約28kmもの道を通う小旅行が流行した。実際にその道程を車で通ってみると、江戸時代の人たちの健脚に驚くことだろう。

ACCESS

電車・バス　長崎バス　観音寺前バス停下車、徒歩で約5分

車　JR長崎本線 長崎駅から車で約50分

DATA

tel.095-893-0844

問 観音寺

住 長崎県長崎市脇岬町2330番地

時 なし

休 なし

料 なし

駐 10台（普通車のみ、無料）

バ なし

HP なし

日本名水百選に選ばれた名水を有する雄大な渓流

自然

轟峡《とどろききょう》・轟渓流《とどろきけいりゅう》

景勝地
マイナスイオン

諫早市

多良山系に流れる境川は、轟音を立てながら流れ落ちる轟の滝、美しい虹を架けて落ちる楊柳の滝などの名滝と美しい渓流を含んでおり、轟渓流と呼ばれている。轟渓流に流れる水は日本名水百選に選ばれるほど澄みきった綺麗な水であり、汲水場で喉を潤すことができる。

滝が流れ落ちる音を聞きながら、様々な表情を見せる渓流や周囲の森林を眺めれば、日頃の疲れが癒されることは間違いない。

ACCESS

電車・バス　JR長崎本線　湯江駅下車、タクシーで約20分

車　長崎自動車道 諫早ICから車で約45分

DATA

tel.0957-22-8325

問 諫早観光物産コンベンション協会

住 長崎県諫早市高来町善住寺1106-37

時 なし　休 なし

料 なし

駐 280台
GW期間中、5～9月の土日祝および夏休み期間中は有料

バ なし

HP https://www.isahaya-kankou.com

必見！ミニ鳥居

ミニ鳥居を3つくぐると安産できる

神社

淡島神社《あわしまじんじゃ》

文化9年（1812）、神代藩主第十代鍋島茂體の時代に亀川出羽守忠英によって建立された淡島神社。とても小さな鳥居が有名で、3つある鳥居の中の一番小さな鳥居は高さがわずか27cmである。

鳥居から頭を出す様子が出産の光景に似ていることから、3つ全てくぐると安産祈願になるとされ、一生懸命に最後の鳥居をくぐろうとする女性の姿が見受けられる。男性がくぐると無病息災の祈願になるという。

子宝　良縁・縁結び

雲仙市

ACCESS

電車・バス 島原鉄道 神代町駅下車、徒歩で約15分

車 長崎自動車道 諫早ICから車で50分

DATA

tel.0957-38-3111

問 雲仙市観光物産課
住 長崎県雲仙市国見町神代西里

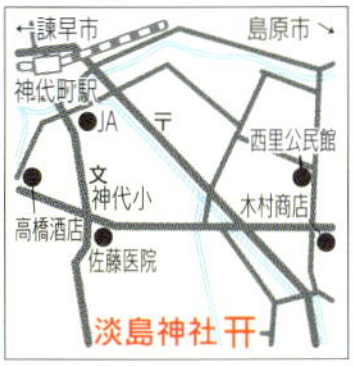

時 なし
休 なし
料 なし
駐 10台（無料）
バ なし
HP なし

必見！縄文人の住居跡

神秘的な雰囲気を感じられる神社

神社

岩戸神社《いわどじんじゃ》

樹齢300年以上のヒノキや杉に囲まれた参道を抜けると、しっとりとしていて静謐に満ちた空気とともに、高さ約40mの岩壁が現れる。その岩壁にある縄文人の住居跡と見られる数個の洞窟の中に、岩戸神社の本殿は鎮座している。祀られているのは長寿と知恵の神である「岩永姫命《いわながひめのみこと》」と水の神と山の神である。

また、岩戸神社周辺の湧水は、水神様を祀り、水の大切さを知る地元の人々が大事に使用している。

学業運　マイナスイオン

雲仙市

ACCESS

電車・バス 島原鉄道 西郷駅下車、車で約20分

車 長崎自動車道 諫早ICから車で約1時間

DATA

tel.0957-38-3111

問 雲仙市観光物産課
住 長崎県雲仙市瑞穂町西郷丁2322

時 なし
休 なし
料 なし
駐 5台（無料）
バ なし
HP なし

巨人「みそ五郎」伝説に名を残す岩山

自然

高岩山《たかいわさん》

商売繁盛
勝負運
景勝地
マイナスイオン

南島原市

「高岩山に腰掛けて有明海で顔を洗う」という、力持ちの大男のイメージを持つ「みそ五郎」伝説に出て来る高岩山は、雲仙山系の一つで、西有家の北部に位置する標高８８１ｍの岩山である。山頂に祀っている高岩神社は「高岩さん」、「高岩権現」などと呼ばれ親しまれている。

　雲仙が西洋人の避暑地だった時代、山頂に巨石が多いことから「ロックヒル」とも呼ばれていた。山頂からの展望は絶景であ

ACCESS

電車・バス 島鉄バス　青雲荘バス停下車、徒歩で約1時間5分（九州自然歩道）

車 長崎自動車道　諫早ICから車で雲仙方面へ約1時間10分後、宝原園地に駐車し、徒歩で約50分（九州自然歩道）

DATA

tel.0957-73-6632

問 南島原市観光振興課
住 長崎県南島原市西有家町里坊96-2

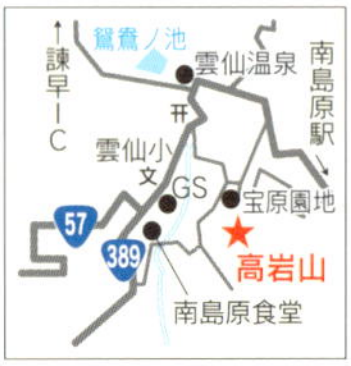

時 なし
休 なし
料 なし
駐 36台（宝原園地、無料）
バ なし
HP なし

静寂の中に力強さが満ちている奥の院

寺院

弦掛山　西福寺《つるかけさん　さいふくじ》

家内安全
金運上昇
健康運
良縁・縁結び

佐世保市

西福寺の奥の院は、千年以上の昔から、山伏がこの巨大な岩屋のなかに庵を結んで修行した行場だったと伝えられ、この一帯は神聖な雰囲気を漂わせ見るものを圧倒する。

　十一面観音が安置された本堂のまわりには多くのお地蔵様が並び、幅広く供養が行われているのが見て取れる。地元の13ヶ所石橋めぐりウォークラリーのコースにもなっており気軽に行けるお寺として親しまれている。

ACCESS

電車・バス 西肥バス　佐世保から菰田経由松浦行50分、下羽付バス停下車、徒歩で3分

車 西九州自動車道 佐々ICから車で約25分

DATA

tel.0956-76-2709

問 弦掛山 西福寺
住 長崎県佐世保市世知原町矢櫃25-2

時 8:00～17:00
休 なし
料 なし、御朱印300円
駐 30台(無料)
バ バリアフリーなし
HP http://www.tsurukakekannon.com/frmDefault.aspx

必見!
奇縁氷人石

縁結びの石「奇縁氷人石」がある古寺

寺院

西高野山《にしこうやさん》 大宝寺《だいほうじ》

家内安全　子宝　仕事運　良縁・縁結び

五島市

境内には縁結びの石「奇縁氷人石」があり、観音さまのご縁によって願いがかなうと言われている。奥の院の小高い丘の上には「へそ神様」と呼ばれる五重の石塔があり、子どもが生まれると、島の人々は健やかな成長を願って紙に包んだへその緒を石塔の下にある穴に納めたという。

ここには、県指定の文化財で600年以上の歴史のある梵鐘があり、中の間には貴重な歴史資料である銘文が刻まれている。

ACCESS

電車・バス 福江港から五島バス（玉之浦）向小浦行きで50分 大宝バス停下車、徒歩で5分

車 福江港・福江空港から車で約35分

DATA

tel.0959-87-2471

問 大宝寺
住 長崎県五島市玉之浦町大宝631

時 なし
休 なし
料 なし
駐 普通車10台（無料）
バ なし
HP なし

必見!
王位石

伝説に彩られた謎の多い王位石

自然岩

王位石《おえいし》

海難防止　景勝地

小値賀町

自然豊かな野崎島にある沖の神島神社社殿の奥には、古来より「おえいし」と呼ばれている巨石がそびえたっている。

頂上までの高さ24m、両柱の端から端までの幅12m、頂上テーブルの広さ5m×3mのとても大きな石である。自然の産物か、人の手によるものか、その成り立ちは謎に包まれており、この石の上に神島明神が現れたという話などの伝説に彩られている。

ACCESS

電車・バス 佐世保港からフェリーで約3時間で小値賀島に到着後、町営船「はまゆう」で約30分で野崎島に到着し、徒歩で5時間

車 野崎島に到着後、王位石までの移動手段は徒歩のみ

DATA

tel.0959-56-2646

問 おぢかアイランドツーリズム
住 長崎県北松浦郡小値賀町笛吹郷2791-13 小値賀港ターミナル内

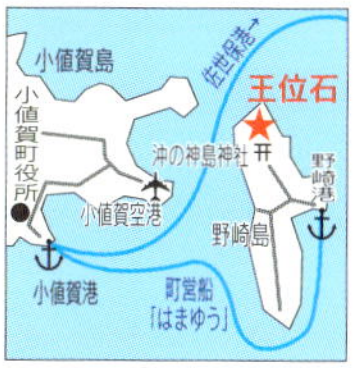

時 なし
休 なし
料 なし
駐 なし
バ なし
HP http://ojikajima.jp/

遺跡

必見! 石室

鬼の窟古墳《おにのいわやこふん》

鬼の棲み家は全国でも有数規模の石室を持つ巨大古墳

のどかな森の中にある「鬼の窟古墳」。平成元年に整備を行い復元されている

権力の象徴である古墳は、壱岐の小さな島内に何と長崎全体の6割を占める約280基も点在する。壱岐では横穴式石室古墳のことを「鬼の窟」と呼び、畏怖を抱く対象ともなってきた。「鬼でもなければこのような大きく重い石を運ぶ事ができないだろう」という解釈からである。

この古墳は6世紀後半から7世紀前半頃に築造され、円墳の規模は九州3番目の大きさである。また、横穴式の石室は全国でも有数規模の規模を誇る。実際に石室内に入ることができるので、約1400年前にタイムスリップした気分を味わってみてはどうだろうか。

おすすめ! 円墳

長い年月を感じさせる苔むした入口

進む先に何かいるのではないかと感じさせる

ACCESS

電車・バス バスの本数が非常に少ないため、壱岐交通（tel.0920-47-1255）に要問合せ

車 郷ノ浦港から車で約20分

DATA

tel.0920-47-3700

問 壱岐市観光連盟
住 長崎県壱岐市芦辺町国分本村触1206-1
時 なし
休 なし
料 なし　駐 20台（無料）
バ なし　HP なし

お出かけスポット

島の駅 壱番館

グルメ天国壱岐の新鮮な野菜や海産物、壱岐牛を提供。

問）tel.0920-45-0415
住）長崎県壱岐市芦辺町諸吉二亦触1756-1
時）8:30～18:30
休）1月1日・2日

健康運　マイナスイオン

壱岐市

神社

月讀神社《つきよみじんじゃ》

夜を統べる月神の月読を祀る神社

鳥居をくぐり、長い階段を上った先に社殿がある。階段の両脇にはヒノキ林が鬱蒼と茂っている

「古事記」によると、イザナギノミコトが黄泉の国から逃げ還り、穢れを落とすために禊を行い多くの神を生み、禊の最後には天照、月読、須佐乃男の三貴子と称される強大な力を持つ神様を生んだとされる。壱岐の月讀神社は、夜を治める月読命が祀られている。

「日本書紀」には487年に月神を京都の松尾大社の月読社に分霊したことが書かれており、全国の月読神社の元宮と言われている。昼間であっても暗く、独特の存在感を持つ月讀神社は、夜になるとその名にふさわしく月明かりに照らされ、更に神秘性を増す。

境内にある石祠を祀っている朱の鳥居

長い年月を感じさせる鳥居の扁額

おすすめ！ 朱の鳥居

おすすめ!! 石祠

ACCESS

電車・バス バスの本数が非常に少ないため、壱岐交通（0920-47-1255）に要問合せ

車 郷ノ浦港から車で約20分

写真提供：
壱岐市観光連盟

DATA

tel.0920-47-3700

問 壱岐市観光連盟
住 長崎県壱岐市芦辺町国分東触464
時 なし
休 なし
料 なし　駐 10台（無料）
バ なし　HP http://www.tsukiyomijinja.com

お出かけスポット

原の辻遺跡

弥生時代の重要な史跡として国特別史跡に指定されている。

問）tel.0920-45-2065
（原の辻ガイダンス）
住）長崎県壱岐市芦辺町深江鶴亀触1092
時）8:45～17:30
休）年末年始　料）無料

家内安全　仕事運　勝負運　海難防止

壱岐市

自然

稲佐山《いなさやま》

1000万ドルの夜景に魅きつけられる

必見！
夜景

1000万ドルの夜景と評される稲佐山の夜景。見る角度によって全く違う景色を見せてくれる

札幌市、北九州市と合わせて、日本新三大夜景と称される稲佐山の夜景。稲佐山の夜景の特徴は、山の途中にある家々の光も夜景の一部となって、立体的な夜景を演出している点である。稲佐山の山頂にある展望台は３６０度型の円筒形で、鶴の港と称される長崎港や長崎中心部を見下ろせる位置にあり、色々な角度から違った夜景を楽しむ事ができる。

デートスポットとしても有名で展望台の足下のどこかにある、ＬＥＤでできたハート型のイルミネーションを２人で探すという楽しみもある。

おすすめ！
ハート
イルミネーション

昼間の稲佐山。爽快な気分にさせてくれる

見つけると幸せになれるかも!?

お出かけスポット

稲佐悟真寺国際墓地

長崎市内にある国際墓地の中でも大規模で最も古い墓地。

問）tel.095-861-2654
住）長崎県長崎市曙町6-14
時）10:30～17:30
休）無休
料）無料

ACCESS

電車・バス 長崎バス ロープウェイ前バス停下車、ロープウェイ 渕神社駅から稲佐岳駅下車、徒歩約1分

車 長崎自動車道 長崎ICから出島道路を経由し、長崎駅方面へ車で約20分

DATA

tel.095-822-8888

問 長崎市コールセンター　住 長崎県長崎市稲佐町
時 9:00～22:00（屋上展望台は24時間開放）
休 なし　料 なし　駐 40台（普通車のみ20分以内無料、30分以内100円、以降30分毎に100円加算）
バ 施設自体、トイレ、駐車場
HP https://www.at-nagasaki.jp/spot/115

良縁・縁結び

景勝地

長崎市

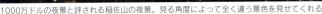

海に出現する神秘の参道、宇宙のエネルギーを体感する

神社

小島神社《こじまじんじゃ》

壱岐の無人島である小島に鎮座する同神社は、小枝すら持ち帰る事が許されない程の神域である。太陽と月の引力によって生じる干満により、干潮時には海が割れて参道ができ、満潮時には島となる。日によって限られた時間帯にしか参詣ができないので、事前に潮位を確認する必要がある。

祭神はイザナミノミコトとカグツチノミコトを祀り、火の用心、五穀豊穣、夫婦和合、安産の願い事をする参詣者が多い。

家内安全
子宝
良縁・縁結び
景勝地

壱岐市

ACCESS

電車・バス バスの本数が非常に少ないため、壱岐交通（0920-47-1255）に要問合せ

車 郷ノ浦港から車で約20分

DATA

tel.0920-47-3700

問 壱岐市観光連盟
住 長崎県壱岐市芦辺町諸吉二亦触1969

時 潮位により時間が異なる
休 なし
料 なし
駐 なし
バ なし
HP なし

国境の島、対馬の伝説が残る海神様の神社

神社

海神神社《かいじんじんじゃ》

対馬中部の西側にある峰町木坂に鎮座する海神神社。豊玉姫命《とよたまひめのみこと》を祀る「対馬国一の宮」であり、地元住民からも崇敬されている。

周辺の木坂山は斧を入れない原生林であり、ある種の神域とも呼べる存在である。仁徳天皇の時代に異国の軍船が来襲した際、この神社のある木坂山から奇雲烈風が起こり、軍船を沈めたとされている。

9月に行われる例祭では五穀豊穣や家内安全などを祈願する「命婦《みょうぶ》の舞」が奉納される。

子宝
仕事運
海難防止
マイナスイオン

対馬市

ACCESS

電車・バス 対馬空港から対馬交通　三根バス停下車、徒歩で約1時間

車 対馬空港から車で約1時間10分

DATA

tel.0920-52-1566

問 対馬観光物産協会
住 長崎県対馬市峰町木坂247

時 なし
休 なし
料 なし
駐 30台（無料）
バ なし
HP なし

熊本県

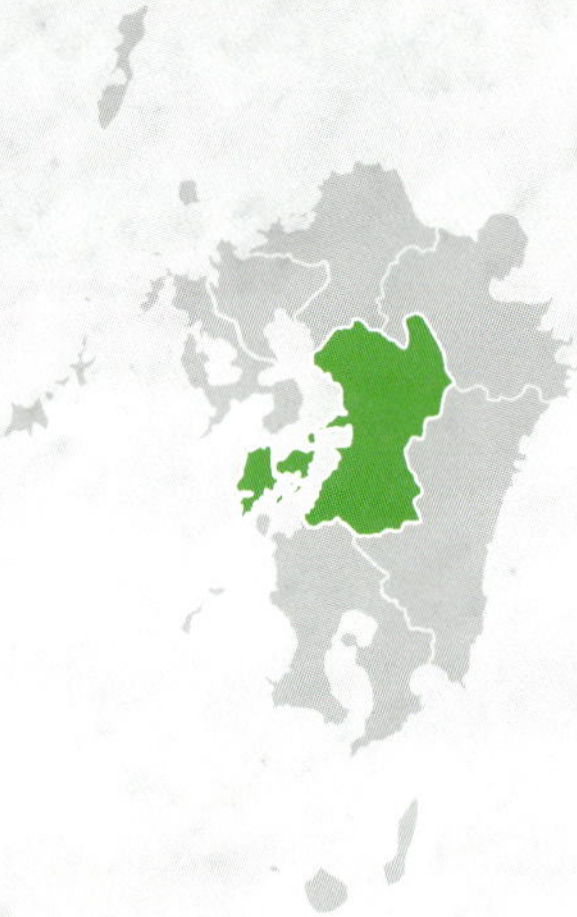

自然

池山水源《いけやますいげん》

必見! 水神様

全国・熊本名水百選に選定された水源。6月中旬にはホタルが舞い神秘的な空間に

全国名水百選、熊本名水百選に選ばれた池山水源は、恒温13.5度、毎分30トンという豊富な湧水を誇る。軟水でミネラル豊富とあり水汲みに訪れる人が絶えない。2体の水神様は220年程前に泉の神とし祀られた。その後、昭和51年水害で姿を消した1体は清掃の際、池の底から出てきたという。

一帯は樹齢200年以上の巨木群に囲まれ、水面には濃緑の葉を映し出し清冽で神秘的な美しさを誇る。近年は地元案内人が池山水源の散策やたじり集落の史跡・旧跡を巡る食べ歩き散策のガイドを行い好評を得ている。

おすすめ! 名水百選

湧水の中に鎮座され泉を見守る水神様

訪れる人が絶えない水汲み場

お出かけスポット

うぶやま牧場

大きな発電風車が目印の観光牧場。動物とのふれあい広場や乗馬など満喫できる。

問）tel.0967-25-2900
住）熊本県阿蘇郡産山村大字山鹿2100-3
時）9:00～17:00
休）水曜(1～3月のみ)　料）なし

ACCESS

電車・バス　JR豊肥本 宮地駅を下車、車で約25分

車　九州自動車道 熊本ICから国道57号線を大分方面へ車で約90分

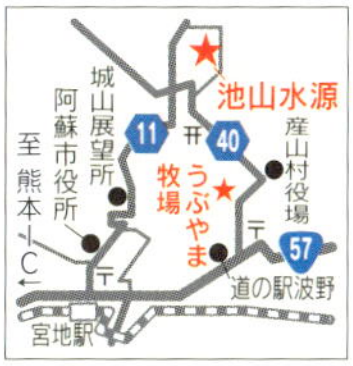
池山水源
城山展望所
阿蘇市役所
至 熊本IC
11
40
57
うぶやま牧場
産山村役場
道の駅波野
宮地駅

DATA

tel.0967-25-2211

問 産山村企画振興課
住 熊本県阿蘇郡産山村田尻14-1
時 なし
休 なし　料 なし
駐 30台（無料）
バ なし　HP http://www.ubuyama-v.jp/

金運上昇
良縁・縁結び
健康運
マイナスイオン
産山村

神々が宿る大自然と調和する、神話発祥の地
山都町

神社

幣立神宮《へいたてじんぐう》

必見!
九州・
地球のへそ
日本最大の巨大断層地帯である中央構造線上に位置しエネルギーが凝縮している

世界平和を願う聖地

宮崎県との県境、山都町馬見原は「九州のへそ」と呼ばれる地域。分水嶺でもあるこの地に、沢山の古木に囲まれて神々しく鎮座しているのが幣立神宮だ。その創建は定かではなく、神代の時代から続くと言われている。

主祭神は神漏岐命（カムロギノミコト）・神漏美命（カムロミノミコト）・大宇宙大和神（オオトノチノオオカミ）・天御中主大神（アメノミナカヌシノオオカミ）・天照大神（アマテラスオオミカミ）。別名「高天原」とも「日の宮」とも呼ばれ、神話に出てくる天孫降臨のくだり、天照大神の孫である瓊瓊杵尊（ニニギノミコト）が旅立たれた場所と伝わっている。

おすすめ! 万世一系の天神木

おすすめ!! 五百枝杉

おすすめ!!! 五色神祭

家内安全

マイナスイオン

鳥居をくぐり石段を登る境目で空気と温度が変わる

特別な信仰を集め悠久の時を刻む神社

正面の御神殿の左右に鎮座する境内社には、雨の神・風の神・水の神等も祀られ、古い神道の形を色濃く残している。また、世界の民族の御祖神（オヤガミ）として崇める五色神を祀る神社であることも特筆すべきで、太古より世界の平和を希求する神事「五色神祭」が行われてきた。現在でも8月23日に祭典が行われ、多くの参拝者が共に祈りを捧げている。また、社殿を覆うようにうっそうと茂る鎮守の杜からも大地の力を感じる。樹齢二千年と伝わる檜（ヒノキ）の御神木「万世一系の天神木」、参道沿いにあるこれも樹齢数千年と伝わる杉（スギ）「五百枝杉」は、圧倒的な存在感を醸し出している。神代から悠久の時を刻んできた神社。凛とした空気の中に佇んでいると、心も静寂を取り戻せそうだ。

数千年の五百枝杉。

巨大な杉木に覆われた参道

世界五色の祖先の想いが現在でも息づいている

お出かけスポット壱

そよ風パーク

食べて、遊んで、泊まれるテーマパーク。ブルーベリージャムが人気。

問）tel.0967-83-0880
住）熊本県上益城郡山都町今297
時）レストラン 11:30～14:30(OS)

お出かけスポット弐

清和文楽館

人形浄瑠璃芝居の公演鑑賞や施設の見学もできる。物産館も併設。

問）tel.0967-82-3001
住）熊本県上益城郡山都町大平152
時）9:00～16:30
休）火曜（祝日は開館）、年末年始
公演日時、料金は文楽館まで要問合せ

ACCESS

電車・バス 熊本桜町バスターミナルから熊本バス 御船経由通潤山荘行きで約1時間30分、浜町バス停で乗り換え、大野経由馬見原行き乗車で約30分、大野幣立宮前下車すぐ

車 九州自動車道　嘉島JCT経由、山都中島西ICから国道445号線、218号線経由し高千穂方面へ車で約40分

DATA

tel.0967-83-0159(社家)

問 社家
住 熊本県上益城郡山都町大野712
時 10:00～15:00(神官在宮)、15:00以降参拝自由
休 なし　料 なし
駐 100台（無料）　バ なし
HP なし

今なお続く活火山のエネルギーを感じる

自然

阿蘇山《あそさん》

必見! 阿蘇火口

もうもうと噴煙をあげる火口。大自然の蠢きを感じるスポット

◆阿蘇の雄大な大自然を感じる

火の国熊本を象徴する阿蘇山。今なお活動が続いており、その自然エネルギーは圧巻の一言。火口付近まで足を踏み入れる事ができるが、活動が活発化すると火口付近は立ち入り規制が出されるので注意が必要。規制情報についてはホームページで随時公開しているのでチェックをして向かうと安心だ。

火口手前には、草千里と呼ばれる直径1㎞の火口跡があり、草原と大きな水たまりが横たわる。このエリアでは草原ののんびりとした風景を眺められる他、乗馬も楽しめる。ここのドライブインの中に阿蘇火山博物館があり、モニターカメラで火口の姿を見る事ができる。

阿蘇登山道路の途中に見えてくる標高９５４ｍの米塚には、阿蘇神社の祭神「健磐龍命《たけいわたつのみこと》」が、収穫したお米を積み上げて出来たと云う神話が残る。

噴火口へ御幣を投げ入れる火口鎮祭

おすすめ! 米塚

おすすめ!! 阿蘇神社

健康運

マイナスイオン

阿蘇市

阿蘇火口にまつわる2つの神社

阿蘇神社の一の宮（健磐龍命）、二の宮（阿蘇都比咩命《あそつひめのみこと》）、五の宮（彦御子命《ひこみこのみこと》の御神霊）の三柱の神を祀る阿蘇山上神社。阿蘇火口は昔から神宮とされ、火口に向かって拝殿が建てられており、6月上旬には阿蘇火口に御幣を投げ入れる火口鎮祭が行なわれる。

阿蘇市一の宮には、孝霊天皇9年の創建、健磐龍命をはじめ十二神を祀る阿蘇神社がある。ここは全国に約500社ある阿蘇神社の総本社。また、阿蘇神社横に連なる一の宮門前商店街には通りのあちこちに湧き水を見ることができる「水基」が整備されており、散策しながら水基の水を飲むこともできる。特に神社参道の湧き水は神の水として珍重され、不老長寿の水として崇められている。

草千里から中岳火口を望む

神話が残る米塚(現在は登山禁止)

お出かけスポット壱

肥後一の宮 阿蘇神社

全国500社超の末社を有する由緒ある神社。

問）tel.0967-22-0064
住）熊本県阿蘇市一の宮町宮地3083-1
時）9:00〜17:00
休）なし
料）御朱印500円

熊本地震で被害を受けた阿蘇神社は、日本三大楼門の一つである楼門や拝殿などの災害復旧工事が進行中

お出かけスポット弐

阿蘇火山博物館

地球の息吹を感じる阿蘇を体験できる。

問）tel.0967-34-2111
住）熊本県阿蘇市赤水1930-1
時）9:00〜17:00
休）なし ※臨時休館有り
料）中学生以上880円、小学生440円

ACCESS

電車・バス JR豊肥線 阿蘇駅から九州産交バス 阿蘇山西駅まで35分

車 九州自動車道 熊本ICから車で約80分

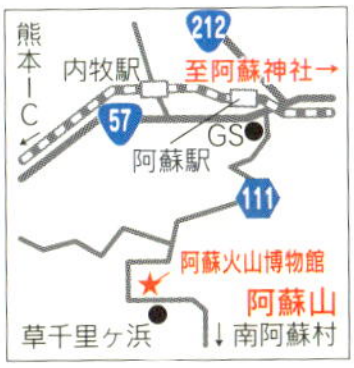

DATA

tel.0967-34-1600

問 阿蘇インフォメーションセンター
住 熊本県阿蘇市黒川阿蘇山
時 阿蘇山公園道路通行時間：8:30〜17:30(3/20〜10/31)、8:30〜17:00(11/1〜11/30)、9:00〜17:00(12/1〜3/19)
休 なし　料 通行料金あり(火口見学は無料)
駐 50台（無料）　バ なし
HP http://www.aso.ne.jp/~volcano/(阿蘇火山火口規制情報)

大梵鐘や二つの五重塔を持つ、鎌倉時代から続く祈りの聖地

必見!
五重塔
多宝塔

寺院

真言律宗
九州別格本山

蓮華院誕生寺《れんげいんたんじょうじ》

本院では仏様の慈悲を象徴する五重塔と、智慧を象徴する多宝塔が真言密教の世界観を表す

◆比叡山の高僧・皇円上人の誕生の地

総木造の五重塔や多宝塔、南大門を有する蓮華院誕生寺の本院は玉名市街の築地にあり、世界一の大梵鐘や日本最大の五重御堂で知られる奥之院は4キロ離れた小岱山の中腹にある。祈りの場所であると同時に仏教を体感できるカルチャーランドのようでもある。

本尊は当地で生まれた皇円上人。皇円上人は関白藤原道兼卿の玄孫にあたり、父は斎院長官の藤原重兼、母は玉名の豪族大野氏の息女。比叡山にて密教を学び、「日本三大歴史書」の一つ『扶桑略記』を編述し、浄土宗の開祖法然上人はじめ多くの弟子を導くなど、比叡山随一の碩学といわれた。

嘉応元年（１１６９）、96歳の時に衆生済度の修行を続けるため、長命の龍神に身を変えて遠州（静岡県）桜ケ池に入定した。

おすすめ! 五重御堂

おすすめ!! 大梵鐘

おすすめ!!! 南大門

家内安全
仕事運
良縁・縁結び
健康運

本院の参道に、平成23年春に再建された南大門

◆荘厳な本院と壮大なスケールの奥之院

江戸時代の『肥後国誌』によれば、浄光寺蓮華院を平重盛が建立したという言い伝えが記されている。鎌倉時代の『東妙寺文書』（重文）によれば、肥後国浄光寺は恵空上人が建立したと記されている。八町八反（約８・73ヘクタール）の境内に大伽藍を構える壮大な寺院であったが、戦国時代に戦禍により焼失した。

以後、寺の跡地は鬱蒼とした森に覆われたが、昭和５年、皇円上人の霊告を受けた川原是信大僧正により中興。森に入れば不吉な事が起きると人々に恐れられていたが、寺の再建が始まるとピタリと治まったという。昭和53年には小岱山の中腹に奥之院が完成。予約をすれば写経や座禅、大茶盛も体験できる。本院には平成９年に五重塔、平成23年に南大門、平成30年に多宝塔が完成し、昭和以来の寺院中興が実現された。本院から奥之院へ、ゆっくりと１日かけて参拝するとご利益も楽しみも増しそうだ。

正午の鐘つきは、参詣者も参加できる

大茶盛は15名以上のグループで要予約
玉名盆梅展（2月）中の土日は個人参加できる

日本で唯一、登って修行ができる奥之院の五重御堂。五層回廊からは島原半島まで望む絶景が広がる

お出かけスポット壱

玉名大神宮

菊池一族と玉依姫が眠る「玉名」の地名発祥の地。

問）tel.0968-74-1955
住）玉名市玉名4600
時）9:00～17:00
休）なし
料）御朱印300円

お出かけスポット弐

草枕温泉 てんすい

露天風呂からの雲仙普賢岳をバックに沈む夕日は絶景で、心がやすらぐスポット。

問）tel.0968-82-4500
住）熊本県玉名市天水町小天511-1
時）10:00～21:00（受付20:30まで）
休）不定休
料）大人500円、中学生以下200円

ACCESS

電車・バス JR鹿児島本線 玉名駅、九州新幹線 新玉名駅から車で本院は約5分、奥之院は約10分

車 九州自動車道 菊水ICから県道16号線、国道208号線（玉名バイパス）を経由、約20分

DATA

tel.0968-72-3300（本院）／0968-74-3533（奥之院）

問 本院／奥之院
住 本院▶熊本県玉名市築地2288
　奥之院▶熊本県玉名市築地小岱1512-77（山の上）
時 8:00～17:00
休 本院▶日曜日（寺務所休みだが拝観は可能） 奥之院▶無休
料 奥之院▶参詣料　大人200円、子供150円
駐 本院▶50台（無料）　奥之院▶700台（無料）
バ 特別な設備はないが、車いすでの利用は可能
HP https://www.rengein.jp/

城閣

熊本城《くまもとじょう》

難攻不落の城として勝負運にもきく名勝地

2016年の熊本地震で傷ついた熊本城。現在復旧中だが来るたびに復旧の様子が変わっているのも一見

築城から４００年以上の熊本城を囲む巨木

熊本県の木にも指定されているクスノキ、この熊本城には数多くの楠が点在する。中でも、藤崎台クスノキ群は7本の大楠が群生している。現在は藤崎台球場がある場所だが、承平３年（９３３）から明治10年（１８７７）の西南戦争で焼失するまで藤崎八幡宮が鎮座されており、この場所に社殿があった為だと言われている。樹齢推定１０００年の巨木が群生している地は他に例がなく、大正13年（１９２４）、国の天然記念物に指定されている。

同じく、銀杏城の別名を持つ熊本城には銀杏の木も本丸を中心に数多くあり、中でも天守閣前広場の大銀杏は熊本城城主・加藤清正お手植えと伝えられている。また、加藤清正が「天守と、その前にある銀杏の木が同じ高さになった時に異変が起こる」と予言したと言われており、実際、西南戦争が起こっている。

国指定天然記念物に指定されている

おすすめ!
熊本城稲荷神社

おすすめ!!
地図石

仕事運
商売繁盛
勝負運
景勝地

熊本市

熊本城に点在するパワースポット

頬当御門から熊本城本丸へ登ると見えてくる五郎の首掛石は築城人夫、横手五郎が首にかけて運んだものと言い伝えられており、重さは1800kgもある。また、城内には多数の井戸があったと云われているが、現在も20本近くが現存しており熊本市水遺産に指定されている。

数寄屋丸前にある地図石は丁寧に加工された安山岩製の切石で、数寄屋丸への参入口や待合に使用されていた場所だが、熊本城内の縄張りや日本地図を表すとも解釈されている。

そして、宇土櫓横には加藤神社、須戸口門《すどぐちもん》近くには商売繁盛の神を祀り、2月の初午大祭に多くの人で賑わう熊本城稲荷神社、熊本大神宮、藤崎台手前には熊本県護国神社、櫨方門《はぜかたもん》から坪井川を渡ると、菅原道真を祀る山崎菅原神社と周囲の神社巡りも楽しみの一つ。現在、熊本城の主要部分が立入規制区域だが、2019年10月5日から特別公開第一弾が始まった。

熊本城の名物、武者返しも確認できる

案内板に横手五郎の話があるので確認してみては

お出かけスポット壱

熊本城稲荷神社

熊本城の城下町繁栄の守護神として400年以上の歴史を持つ神社。

問）tel.096-355-3521
住）熊本県熊本市中央区本丸3-13
時）9:00～17:00(授与所)
休）無休
料）なし

お出かけスポット弐

熊本県護国神社

幕末から明治維新、国難に殉じられた人々を祀るために建立された神社。

問）tel.096-352-6353
住）熊本県熊本市中央区宮内3-1
時）8:00～18:00
休）無休
料）なし

左から飯田丸五階櫓、長塀、熊本城天守閣前、いたるところに巨木が見られる。2019年11月現在、特別公開第1弾の公開日に限り天守閣前の見学が可能

ACCESS

電車・バス 熊本駅から熊本城周遊バス「しろめぐりん」に乗り、熊本城・二の丸駐車場下車、すぐ

車 九州自動車道 益城熊本空港ICから熊本市内方面へ車で約25分

DATA

tel.096-352-5900

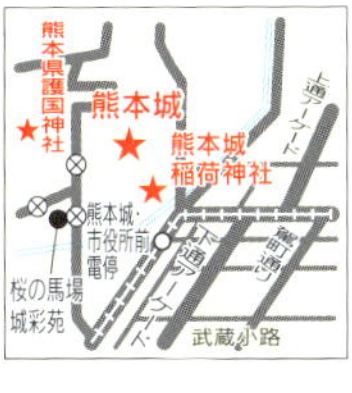

問 熊本城総合事務所
住 熊本県熊本市中央区本丸1-1
時 9:00～17:00(公開時間)
休 公開日は公式WEBで確認(特別公開第1弾は原則日曜・祝日のみ)
料 高校生以上500円、小中学生200円(特別公開第1弾)
駐 二の丸駐車場 210台（2時間200円）
バ 施設・トイレ
HP https://kumamoto-guide.jp/kumamoto-castle/grand-unveiling/

加藤清正を主祭神とする由緒ある神社

神社

必見! 大銀杏

平成24年で現在地に遷宮して50年の社殿。境内からは熊本城が望める絶景スポット

熊本城内鎮座《くまもとじょうないちんざ》 加藤神社《かとうじんじゃ》

日本三大名城を築き熊本の発展の為に偉大な役割を果たした加藤清正を祀る神社。境内の奥にひっそりとそびえ立つ大銀杏は慶長6年から慶長12年の間、熊本城築城の際に大天守前の大銀杏と共に手植えされたもの。天守閣を越えると災いをもたらすという言われもある。樹齢400年以上の幹に手を触れると新たな力を感じる。大木の周りには子孫が守るように今も育ち続けている。

「勝守」は全国からの問い合わせがある程の人気があり、学業や仕事、健康、土木や建築などあらゆる運にご利益が。

裏からは直接幹に手で触る事が出来る大銀杏

何事にも勝つと言われる御利益の勝守

おすすめ! 太鼓橋

おすすめ!! お守り

家内安全　商売繁盛　勝負運　景勝地

熊本市

ACCESS

電車・バス JR九州新幹線・JR鹿児島本線 熊本駅を下車し熊本市電 熊本城・市役所前電停下車、徒歩約9分

車 九州自動車道 熊本ICから国道57号線を熊本市街地方面へ車で約20分

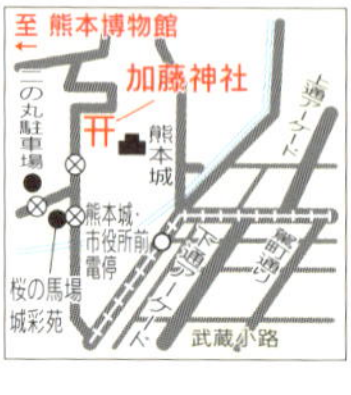

DATA

tel.096-352-7316

問 加藤神社社務所
住 熊本県熊本市中央区本丸2-1
時 8:00～17:00（授与所）
休 なし　料 なし
駐 50台（参拝・祈願の方のみ駐車可能）
バ なし　HP http://www.kato-jinja.or.jp/

お出かけスポット

熊本博物館

「未来へつなぐ熊本の記憶」を全体テーマにした総合博物館。

問）tel.096-324-3500
住）熊本県熊本市中央区古京町3-2
時）9:00～17:00(入場は16:30まで)
休）月曜(祝日の場合は翌日)、年末年始
料）一般400円、大学生・高校生300円、市外小中学生200円

縁結びや良縁、安産にご利益のある由緒深き古宮

神社

代継宮《よつぎぐう》

平成元年本荘から立田山東峰天拝山頂に遷座された社殿。藩主重賢が信仰した代継太鼓を奉納

応和元年（961）肥後の守護神とし祀られている神社。代継との名の通り「代を継ぐ」と言われ安産や子孫繁栄のご利益があると言われている。境内には神話の伊邪那岐命《いざなぎのみこと》と伊邪那美《いざなみの》命《みこと》が降り立った古事にちなみ天ノ浮橋と命名した橋があり、女性は出会い橋、男性は別れ橋から進み中央で本殿に一礼をすると良縁に恵まれる。出会いを希望される方は出会い橋から、悪縁を断ちたい方は別れ橋から渡ると良い。

天ノ浮橋の中央や鳥居付近には磁場が強く新たなパワーを感じる。水の流れる庭園では毎年5月4日、熊本初の「曲水の宴」が行われる。

おすすめ!
天ノ浮橋

おすすめ!!
代継太鼓

良縁に恵まれると言われる天ノ浮橋

平安時代から親しまれている宴

家内安全　子宝　良縁・縁結び　景勝地

熊本市

お出かけスポット

二の宮・陳内阿蘇神社

女性の祭神にちなみ、すべて草花を題材にした天井画も見どころ。

問）tel.096-338-5318
住）熊本県熊本市龍田陳内3-6-68
時）なし
休）なし　料）なし

ACCESS

電車・バス　JR豊肥本線 竜田口駅下車、車で約5分

車　九州自動車道 熊本ICから熊本市内方面へ車で約15分

DATA

tel.096-339-5466

問 代継宮社務所
住 熊本県熊本市北区龍田3-25-1
時 9:00～17:00
休 不定休　料 なし
駐 50台（無料）
バ あり　HP http://www.yotsugiguu.jp/

自然

寂心さんのクス《じゃくしんさんのくす》

県指定天然記念物の大楠

必見！樹齢800年の幹

遠目でもわかる大振りの楠で、近づくにつれ圧倒的な存在感に心をうばわれる

遠目でも存在感を感じる、樹齢800年で熊本県指定天然記念物にも指定される大楠は幹囲13.5m、高さ29m、枝張りは50m以上もある。樹の幹には墓石が1基あり、現在の熊本城の南西側に位置していたと云う隈本城の城主 鹿子木寂心の墓と伝えられている為、寂心さんのクスといわれている。

根元から見上げると大楠の緑がやさしく包み込んでくれ、森の中にいる感覚を覚える。毎年1月には命日として神事も行なわれ地元からも愛されている。駐車場と公園があるのでドライブの立寄スポットとしてもおすすめ。

力強く根付く幹の下での森林浴でリフレッシュを

地元から愛されつづけている寂心さん

おすすめ！鹿子木寂心の墓

お出かけスポット

フードパル熊本

見て、触れて、味わえる食のファクトリーパーク。

問）tel.096-245-5630
住）熊本県熊本市北区貢町581-2
時）10:00～17:00
休）なし

ACCESS

電車・バス JR鹿児島本線 植木駅から徒歩で約20分

車 熊本市内から国道31号線を北上し県道101を右折、約20分

DATA

tel.096-328-2039

問 熊本市文化振興課
住 熊本県熊本市北区北迫町618
時 なし
休 なし
料 なし　駐 20台（無料）
バ なし　HP なし

学業運
仕事運
マイナスイオン
熊本市

自然

霊巌洞《れいがんどう》

剣豪宮本武蔵が晩年に五輪の書を著した洞窟

必見! 五百羅漢

岩が覆いかぶさるようにできた洞窟。武蔵はここに約2年間籠り五輪の書を書き上げた

金峰山の西麓に位置し、岩戸の里公園内にある雲巌禅寺。岩山を削った道を歩いて行くと右手斜面にさまざまな表情の五百羅漢が見えて来る。そのさらに奥にある洞窟が霊巌洞で石体四面の馬頭観音が祀られおり、地元では岩戸観音の名で知られている。

この霊巌洞に籠り、宮本武蔵が兵法の極意書である地・水・火・風・空の5巻からなる五輪の書を書いた場所としても有名で、「神佛は尊し、されど神佛を頼まず」と武蔵が五輪の書を書いた時の心境を残している。今ではビジネス書や人生の参考書として読まれ、海外でも人気。

洞窟内には岩戸観音と船頭石がある

奉納するのに24年かかっている五百羅漢

おすすめ! 仁王石像

おすすめ!! 十六羅漢

お出かけスポット

勝ち運を呼ぶ武蔵像

勝負にこだわった武蔵にあやかり、勝ち運・合格・ぼけ封じを願う座禅像。

問）tel.096-329-8854
住）熊本県熊本市西区松尾町平山（岩戸の里公園駐車場）
時）なし
休）なし　料）なし

ACCESS

電車・バス　熊本交通センターから産交バス芳野経由河内行き岩戸観音入口バス停下車、徒歩で約20分

車　九州自動車道 菊水ICから熊本市内方面へ50分

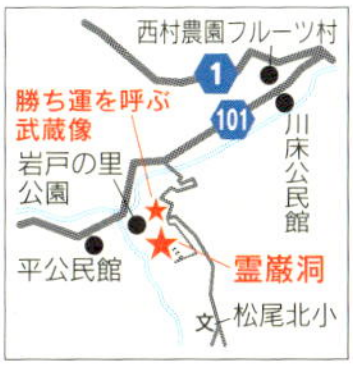

DATA

tel.096-329-8854

問 雲巌禅寺
住 熊本県熊本市西区松尾町平山589（雲巌禅寺内）
時 8:00～17:00
休 なし　料 大人200円、小人100円
駐 30台（無料）
バ なし　HP なし

景勝地

マイナスイオン

熊本市

遺跡

チブサン古墳《ちぶさんこふん》

乳の神様として信仰された色鮮やかな古代の文様

必見!
見学可能

幾何学文様に彩られたチブサン古墳の石屋形。石積みの精巧さにも古代の神秘を感じる

全国に残る装飾古墳のうち6分の1が集中する菊池川流域。なかでも全国的に知られるのが、国の史跡にも指定されているチブサン古墳だ。石室に置かれた石屋形（石棺）には、赤・白・黒の3色で彩られた幾何学文様が描かれ、今でもくっきりと色彩が残っている。

正面中央の丸い文様は女性の乳房にも見えるため、乳の神様としても崇められている。安産の神様とされる、隣接するオブサン古墳と合わせて、江戸時代から地域の人々に信仰されてきたという。周囲には鍋田横穴群があり、歴史散策ができる。

おすすめ!
装飾古墳

おすすめ!!
乳の神様

装飾古墳内部が見学できるのは全国でも珍しい

古墳の見学については山鹿市立博物館へ

ACCESS

電車・バス 熊本桜町バスターミナルから九州産交バス 山鹿バスセンター行きに乗り山鹿バスセンター下車、山鹿バスセンターから南関上町行きで博物館前バス停で下車、徒歩約5分

車 九州自動車道 菊水ICから県道16号線、国道3号線、国道443号線経由し車で約15分

お出かけスポット

八千代座

国指定重要文化財に指定された芝居小屋。夢小蔵の資料館は衣装や模型などを展示。

問）tel.0968-44-4004
住）熊本県山鹿市山鹿1499
時）9:00～18:00
休）第2水曜　12/29～1/1
料）一般520円　小・中学生260円

DATA

tel.0968-43-1145

問 山鹿市立博物館　住 熊本県山鹿市鍋田2085
時 9:00～17:00（古墳の見学は10:00～、14:00～）
休 月曜（祝日の場合は翌日、年末年始）
料 博物館入館料270円、高校生以下70円(古墳見学料100円、高校生以下50円)　駐 50台(無料)
バ トイレ　HP http://www.city.yamaga.kumamoto.jp/

自然

押戸石《おしといし》

太古の聖地、謎多きストーンサークル

必見!
巨石群

古代文字（ペトログラフ）が刻まれた不思議な巨石群。磁力が強くエネルギーに満ち溢れている

阿蘇外輪山の草原の丘、標高845mの地に約100個の石群があり、その中で最大の石が「押戸石」と呼ばれ、高さ5.5m、周囲15.3mの巨石でピラミッドの形をしている。鬼や巨人が夜な夜なお手玉をして遊んだ石と言われる巨石は、太古の人々が祭祀の為に配置したとも伝えられている。頂上付近の石には蛇神と聖なる雄牛を表す約4000年前の古代文字（ペトログラフ）が発見され、近年パワースポットとして注目を集めている。

丘から広がる360度のパノラマは、阿蘇の外輪山や九重山を一望できる絶景スポットだ。

おすすめ!
絶景のパノラマ

見晴がよく阿蘇五岳や九重連山の展望が広がる

森林浴スポット清流の森。押戸石から車で35分

お出かけスポット

宮原両神社(小国両神社)

兄弟である二神の両方が小国郷に祀られたことから、通称・小国両神社と呼ばれる古社。

問）tel.0967-46-2649
住）熊本県阿蘇郡小国町宮原1670
時）9:00～17:00
休）無休
料）なし

ACCESS

電車・バス　JR豊肥本線 阿蘇駅下車、車で約45分

車　大分自動車道 日田ICから車で約90分
※途中より道幅が狭くなるので注意が必要

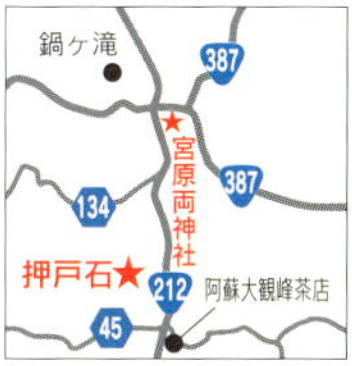

DATA

tel.0967-42-1112

問 南小国町まちづくり課
住 熊本県阿蘇郡南小国町中原
時 なし
休 なし　料 1人200円
駐 約20台（無料）
パ なし　HP http://www.oshitoishi.com

景勝地
マイナスイオン
南小国町

腰を伸ばして健康に。江戸時代から続くミニ鳥居くぐり

神社

粟嶋神社《あわしまじんじゃ》

必見! ミニ鳥居

縦・横30cmのミニ鳥居。腰を伸ばす鳥居と言うことで腰延べ鳥居とも言われている

ミニ鳥居くぐりが名物の粟嶋神社。創建は寛永10年（1633）。この地に住む老夫婦が、旅の僧侶が残した御神像を小さな祠に祀り熱心に信仰したことからはじまる。それから約200年後、重病を患った信者が祈祷を受け、完治したお礼として奉納したのがミニ鳥居だ。次第に農家の間で、この鳥居をくぐると腰の痛みがやわらぐと評判となり、老若男女問わず、願い事を込めてくぐるようになったとか。

　文化11年（1814）に奉納された鳥居は、欠けた部分もあるが、今でも境内の片隅でその姿を留めている。

おすすめ! 例祭

おすすめ!! 御神像

県内外からの参拝客で賑わう3月3日の例祭

江戸時代（1814年）に奉納された最古のミニ鳥居

家内安全　子宝　学業運　良縁・縁結び

宇土市

お出かけスポット

轟水源

1日3千トンの水が湧き出る日本名水百選の水源。周辺は公園があり涼を満喫できる。

問）tel.0964-22-1111
（宇土市まちづくり推進課）
住）熊本県宇土市宮庄町
時）なし　休）なし

ACCESS

電車・バス JR三角線 緑川駅から徒歩約10分

車 九州自動車道 松橋ICから、国道57号線を天草方面へ。国道501号線に入り約5分

DATA

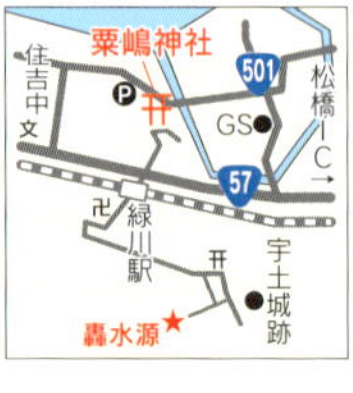

tel.0964-22-1197

問 粟嶋神社
住 熊本県宇土市新開町557
時 8:00～17:00（祈願受付、問い合わせ）
休 なし　料 なし
駐 150台（無料）
バ なし　HP http://www.awashima.or.jp

熊本県

万葉の里と海を見守る龍神様

必見!
国指定名勝の水島

神社

水島 龍神社

みずしま りゅうじんじゃ

海難防止

景勝地

八代市

水島は球磨川の河口に浮かぶ結晶質石灰岩と一部千枚岩からなる小島。

日本書紀に「景行天皇が食事をした際飲水がなく小《お》左《ひだり》という者が神に祈りを捧げたところ清水が崖から湧きだし天皇に差し上げた。このため、この島を水島というようになった。」という記述や万葉集にも詠われた有名な歌枕の地。ここに建つ龍神社は新地守護神として安政2年（1855）に建立され昭和36年にこの地へ移築されたもの。

ACCESS

電車・バス 肥薩おれんじ鉄道　肥後高田駅下車、車で約25分

車 九州自動車道 八代南ICから車で約20分

DATA

tel.0965-32-2436

問 八代観光案内所（9:00～17:30）

住 熊本県八代市水島町

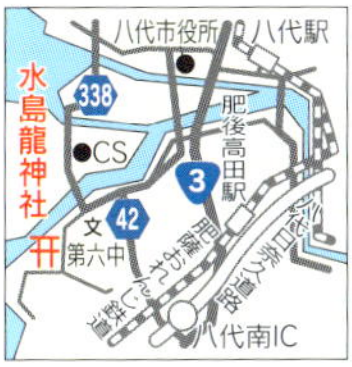

時 なし
休 なし
料 なし
駐 50台（無料）
バ なし
HP なし

神を迎え入れる神殿と言われた古代の巨石群

必見!
ドルメン
（支石墓）

遺跡

矢岳巨石群遺跡

やたけきょせきぐんいせき

良縁・縁結び

海難防止

景勝地

上天草市

古代海洋民族が5000年前に造ったと言われる石積み古代遺跡。白嶽山腹斜面に長さ13m、幅6m、厚さ2.5mの天井石を6つの巨石で支えている。周辺にはストーンサークルなどの巨石も点在。

遺跡の中には盃状穴や方位を示す線刻とその先に並ぶ方位石や様々なペトログラフが刻まれ、古代エジプトやシュメールに近い祭祀がこの一帯で行われたとされる。埋蔵品が発見されれば世界最大級のドルメンに。

ACCESS

電車・バス 松島バス停から阿村経由龍ヶ岳行、白嶽森林公園入口下車、車で15分

車 国道3号線から57号線、266号線を経て白嶽山頂へ、車で約2時間

DATA

tel.0964-56-5602

問 天草四郎観光協会

住 熊本県上天草市姫戸町姫浦5395-2（白嶽森林公園キャンプ場）

時 なし
休 なし
料 なし
駐 50台（無料）
バ トイレ
HP http://kami-amakusa.jp/

心休まる現代の桃源郷「康平寺」

必見!
肥後三十三観音霊場

寺院

霜野山延寿院《しものざんえんじゅいん》 康平寺《こうへいじ》

家内安全 仕事運 商売繁盛 勝負運

山鹿市

11世紀中頃、後冷泉天皇の康平元年（1058）に建立された天台宗の山岳密教寺院。平安時代に造られた地蔵菩薩立像など約30躰が大切に保管されている。

県指定重要文化財で鎌倉時代作の「千手千眼観音菩薩立像」はクス材の寄せ木造りで高さ201.5cm。全国でも稀少な「二十八部衆像」はカヤ材やヒノ木の寄せ木造りで、千手観音に帰依した28躰の天部の仏像。地方仏師の作と見られ大変貴重なものとされている。

ACCESS

電車・バス バスの本数が非常に少ないため九州産交バス山鹿営業所(tel.0968-44-6111)に要問合せ

車 九州自動車道　植木ICから国道3号線、県道3号線を経由し車で約40分

DATA

tel.0968-36-4030

問 康平寺管理組合
住 熊本県山鹿市鹿央町霜野1870-2

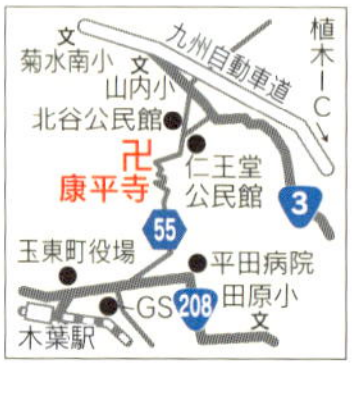

時 9:00～16:00
休 月曜
料 なし
駐 10台（無料）
バ なし
HP http://www7a.biglobe.ne.jp/~k1058/

清らかな水と豊かな緑に囲まれた神社

必見!
手野の大杉

神社

国造神社《こくぞうじんじゃ》

健康運 マイナスイオン

阿蘇市

阿蘇神社の北方の手野にあるため北宮とも称され、熊本県内で最古の神社の一つ。精巧な彫刻が施された社殿は寛文12年（1672）、細川3代藩主綱利によって造営されたと伝えられている。

阿蘇開拓の祖神、健磐龍命の第一子で、阿蘇に水田を開き農耕を指導したという速瓶玉命他3神を祀る。境内には珍しい鯰を祀った鯰社や、樹高48m、樹齢2000年のご神木「手野の大杉」の幹が保存されている。

ACCESS

電車・バス JR豊肥本線 宮地駅下車、車で約10分
阿蘇定期観光バス（1日2便）予約先：産交バス阿蘇営業所 tel.0967-34-0211

車 国道57号線から県道11号線に入り車で約10分

DATA

tel.0967-22-4077

問 国造神社社務所
住 熊本県阿蘇市一の宮町手野2110

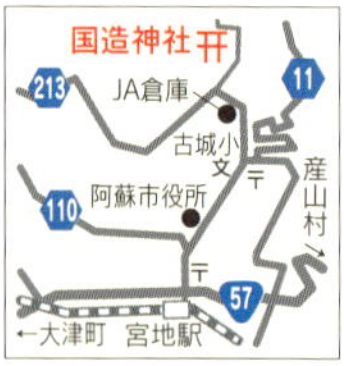

時 なし
休 なし
料 なし
駐 15台（無料）
バ なし
HP なし

熊本県

必見！樹齢約600年のコウヤマキ

数万年の時を超えた不思議な珍石

自然石
千年の目覚め 平成悠久石
せんねんのめざめ へいせいゆうきゅうせき

槻木大師堂に鎮座する丸い石は、平成18年の豪雨により下槻木地区の林道法面（山腹斜面）が崩壊し、その土砂の中から突如出現した。直径1.4m、重さ約3.7トンもの巨大な石で不思議な自然の丸い形をしている。数千万年前に海の底で形成され長い時間の中で風化浸食により砂岩が球形となった砂岩礫（さがんれき）とされる。「パチンコに勝つ」とのご利益があると噂され石上や周辺にはパチンコ玉やメダルが奉納されている。

金運上昇／商売繁盛／勝負運／マイナスイオン

多良木町

ACCESS

🚃バス くま川鉄道 多良木駅下車、車で約50分

🚗車 九州自動車道 人吉球磨スマートICから多良木方面へ車で約1時間10分

DATA

tel.0966-42-1257

問 多良木町企画観光課
住 熊本県球磨郡多良木町大字槻木580
休 なし
料 なし
駐 なし
バ なし
HP http://www.town.taragi.lg.jp/

必見！ゆのまえ温泉湯楽里

600年の歴史！母乳の出が良くなるおっぱい神社

神社
潮神社
うしおじんじゃ

乳房を模ったものを産前産後に奉納すると母乳の出が良くなるという。近くには男性の神様を祀る塞神社があり両方参拝すると夫婦円満、縁結びのご利益が。春には祈願式や牛乳早飲み競争などの祭りが開催され子育てにご利益があり、女性の神様で子宝・安産・塩湯の温泉が湧き出ている。近くには山間部には珍しいフキアエズノミコトが祀られ、県の鵜戸神宮と同じウガヤまれている潮神社は、宮崎おっぱい神社として親しまれている。

子宝／良縁・縁結び

湯前町

ACCESS

🚃バス くま川鉄道 湯前駅下車、車で約5分

🚗車 九州自動車道 人吉球磨スマートICから国道219号線を湯前方面へ車で約40分

DATA

tel.0966-43-4111

問 湯前町企画観光課
住 熊本県球磨郡湯前町野中田1598
休 なし
料 なし
駐 3台（無料）
バ なし
HP http://www.town.yunomae.lg.jp/

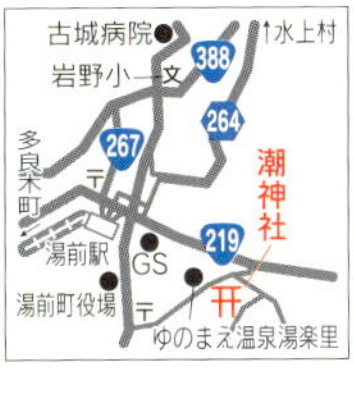

おすすめ霊場・神社めぐり①

相良三十三観音めぐり

相良700年の歴史をもつ、九州の小京都 人吉・球磨霊場めぐり

「相良三十三観音めぐり」は、春と秋の彼岸に、全ての観音堂が一斉に開帳される。この日は、九州各地から多くの善男善女が巡礼に訪れる。

江戸時代に庶民の間で広まったとされるこの観音めぐり。一番札所から三十三番札所のすべての観音堂をめぐり終えると、人吉盆地をちょうど1周したことになる。地元の方々がお茶やお菓子を振舞うお接待が今なお続いている。心あたたまるふれあいも楽しみの1つ。人吉球磨地方の美しい景色を味わいながら、ゆっくりのんびり観音めぐりへ。

必見！ 相良三十三観音

案内について	人吉観光案内所

熊本県人吉市中青井町326-1 JR人吉駅構内
tel.0966-22-2411
時間 9:00〜18:00(年中無休)

相良三十三観音MAP

※観音堂は通年開帳している所と特別な日だけ開帳する所があるのでご注意を。また、人吉市観光案内所では巡礼服のレンタルも行なっている。

人吉・球磨

母乳の出が良くなる京都の清水観音様 人吉市

一番

通年開放

清水観音《きよみずかんのん》

子宝　仕事運　良縁・縁結び　健康運

慶長8年、京都の清水寺から勧請したため清水寺と同じ功徳があるという。願成寺の境内右手に位置し、妊婦さんやお乳がほしい母親の信仰が篤い。

御詠歌

音羽山
音に聞こゆる清水の
ふかき誓いを
誰も頼みき
武親

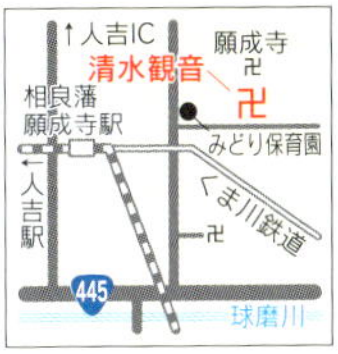

ACCESS

電車・バス くま川鉄道湯前線 相良藩願成寺駅下車、徒歩で約3分

車 九州自動車道 人吉ICから車で約5分

DATA

住 熊本県人吉市願成寺町956

駐 30台　大型バス駐車可

トイレあり

無数の手を差しのべ人の悩みを救う観音さん 人吉市

九番

通年開放

村山観音《むらやまかんのん》

家内安全　子宝

本尊の千手観音様は、あらゆる手をさしのべ、救う姿を表している。別名、大悲殿と呼ばれ慈悲深い観音さんとし親しまれている。

御詠歌

霧かすみ
せた村山の空はれて
心の月もすみのぼるかな
武親

ACCESS

電車・バス JR肥薩線 人吉駅下車、徒歩で約25分

車 九州自動車道 人吉ICから車で15分

DATA

住 熊本県人吉市城本町村山1363

駐 10台　大型バス駐車可

トイレあり

川辺川の聖域に佇むホクロの聖観音様　相良村

十八番

限定開放

廻り観音《めぐりかんのん》

参拝するとホクロが目立たない所に隠れたり無くなると云われるホクロの観音様。古くから安産、ホクロ、牛馬の守護にご利益があるといわれる。

御詠歌

秋の夜の　長く楽しむ
寺はあれど
夢まぼろしの
世をばたのまじ

武親

子宝　商売繁盛　健康運

ACCESS

電車・バス 産交バス 五木線 巡り下車、徒歩で約10分

車 九州自動車道 人吉ICから車で約25分

DATA

住 熊本県球磨郡相良村川辺

駐 10台

トイレあり

母のように優しい表情で迎える安産の神様　多良木町

二十三番

通年開放

栖山観音《すやまかんのん》

113もの石段の先の本尊は高さ283cmもあり人吉・球磨では最も大きく四天王や毘沙門天とともに県指定文化財となる。安産のご利益があり参拝者が絶えない。

御詠歌

影たのむ　人のこころの
闇までも
さやかに照らす
山の端の月

武親

家内安全　子宝　良縁・縁結び

ACCESS

電車・バス くま川鉄道湯前線 多良木駅下車、徒歩で約40分

車 九州自動車道 人吉ICから車で約50分

DATA

住 熊本県球磨郡多良木町黒肥地3992

駐 15台　大型バス3台

トイレあり

月善女の影仏とし京都の仏師により彫られた本尊

水上村

二十四番

限定開放

生善院観音《しょうぜんいんかんのん》

生善院の境内にある茅葺き寄せ棟造りで観音堂は国指定の重要文化財。通称、猫寺の観音さんと親しまれ生善院の山門ではこま猫が迎えてくれる。

御詠歌　詠み人知らず

野も過ぎて
里おも過ぎて　なかやまの
寺に参るは
後の世の為

家内安全

健康運

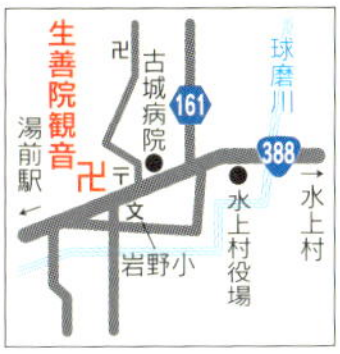

ACCESS

電車・バス　くま川鉄道湯前線 湯前駅下車、徒歩で約15分

車　九州自動車道 人吉ICから車で55分

DATA

住 熊本県球磨郡水上村岩野3542

駐 20台

トイレあり

病気平癒、夫婦円満、縁結びの神とし信仰

あさぎり町

三十番

通年開放

秋時観音《あきときかんのん》

本尊は永里城の菩提寺、珠宝寺にあったとされる十一面観音様。妊婦や家畜類を守護にご利益があるといわれる。石段には手すりなど配慮が行き届いた観音堂。

御詠歌　武親

身をすてて　ねがへ蓮の
花の上
村雨のまの
やとりかる世に

家内安全

良縁・縁結び

健康運

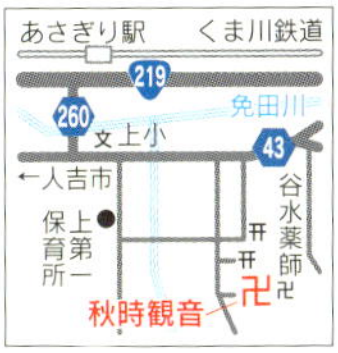

ACCESS

電車・バス　くま川鉄道湯前線 あさぎり駅下車、徒歩で約35分

車　九州自動車道 人吉ICから車で約1時間10分

DATA

住 熊本県球磨郡あさぎり町上南

駐 20台　大型バス1台

トイレあり

コラム 水紀行 其の弐

熊本を代表する湧水群

金峰山湧水群

熊本県熊本市西区河内町・松尾町・島崎・花園ほか、玉名市天水町

熊本市の西側に聳える金峰山一帯に点在する20カ所の湧水群。宮本武蔵や夏目漱石などが訪れた、歴史や文化にゆかりのある場所。

水前寺・江津湖湧水群

熊本県熊本市中央区水前寺公園・健軍本町ほか

1日約40万トンの地下水が湧き出る湖。カワセミやコガモなど約600種の動植物が生息している。健軍水源地は熊本市の水道水の1/4を賄う最大の水源地。

大分県

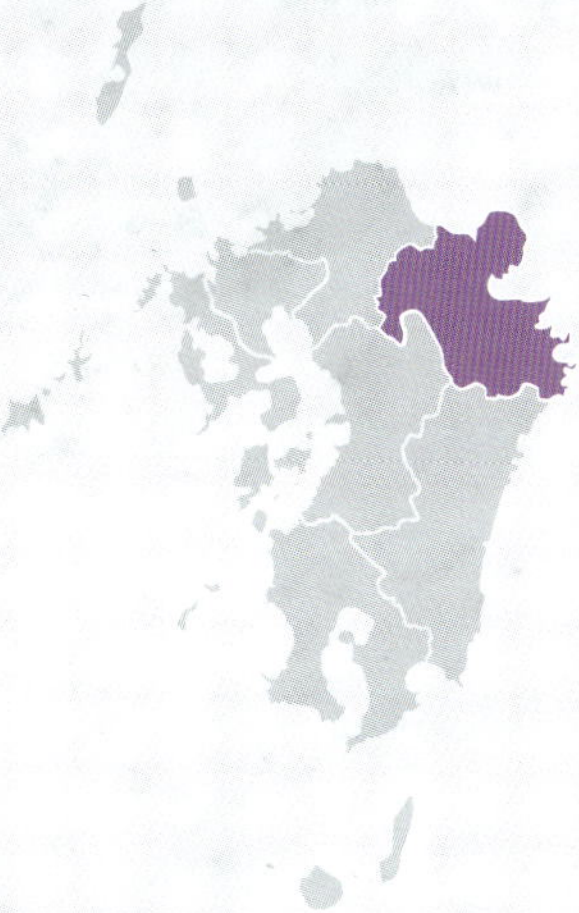

西大門前の宇佐鳥居（県指定有形文化財）をはじめ境内の鳥居は全て同じ様式のつくりになっている

八幡社の総本宮、神輿と神仏習合発祥の地

神社

国宝《こくほう》 宇佐神宮《うさじんぐう》

全国の八幡社の総本宮にふさわしい威容を誇る

全国4万余社ある八幡社の総本宮で、725年に聖武天皇の勅願により現在の地に社殿が造立され、伊勢神宮に次ぐ第二の宗廟として栄えてきた。東大寺大仏建立や道鏡の神託事件など、国家の重要な出来事の度にその神威を発揮し、国と朝廷を守る大きな働きをしてきた。

荘厳な南中楼門の後ろにある本殿は、切妻屋根の建物を前後に連結させた八幡造という建築様式の代表例として国宝に指定されている。その他、広大な境内には国宝の孔雀文磬を収蔵展示する宝物館や檜皮葺の屋根を持つ呉橋、夏に原始ハスが咲き誇る初沢池や額束を持たない独特の様式の宇佐鳥居など見所が満載である。最近では、上宮にある神木の大楠がパワースポットとして話題になっている。

皇族や勅使が通る門として通常は開かない上宮南中楼門

おすすめ! 御霊水

おすすめ!! 夫婦石

仕事運

勝負運

良縁・縁結び

宇佐市

境内に点在するスピチュアルスポットをのんびり散策

祭神である八幡大神は応神天皇の神霊で、571年に初めて宇佐の地にあらわれたと伝えられている。その地は宇佐神宮境内の菱形池のほとりといわれ、現在は御霊水の地として3つの井戸が掘られており、気高い神気を醸しつつも深緑の杜の中にひっそりと存在している。

八幡信仰とは仏教文化と日本固有の神道を融合したものと考えられ、その長い信仰の歴史は、宇佐・国東半島を中心とした六郷満山文化として今に見ることができる。宇佐神宮境内には、日本最初の神宮寺と言われる弥勒寺跡が残っており、互いの異文化を認め、共存する神仏習合文化発祥の地の由来となっている。

八幡造での代表例として国宝に指定されている上宮本殿

八幡大神があらわれた所と云われている御霊水

1人では両足で、2人では手を繋いで踏むと幸せになると云われる夫婦石

お出かけスポット壱

大分県立歴史博物館

宇佐・国東半島をはじめ県内の歴史文化を学ぶことができる。

問）tel.0978-37-2100
住）大分県宇佐市大字高森字京塚1
時）9:00～17:00（入館は16:30まで）
休）毎週月曜（祝日・振替休日の場合翌火曜）、年末年始（12月28日～1月4日）
料）一般310円、高・大学生160円

お出かけスポット弐

双葉の里

不滅の69連勝横綱双葉山の生家や資料展示室が設置されている。

問）tel.0978-33-5255
住）大分県宇佐市大字下庄269
時）9:00～17:00
休）毎月第3月曜（月曜が休日の場合はその翌日）年末年始（12月29日～1月3日）
料）なし

ACCESS

電車・バス JR日豊本線 宇佐駅を下車、車で約10分

車 東九州自動車道 宇佐ICから国道10号線へ出て別府方面へ車で15分

DATA

tel.0978-37-0001

問 宇佐神宮　住 大分県宇佐市南宇佐2859
時 9:00～16:00（宝物館）　休 火曜日（宝物館）
料 宝物館 大人300円、中高校生200円、小学生100円
駐 外苑駐車場150台(300円)、表参道駐車場200台、、宇佐八幡駐車場400台、呉橋駐車場122台（普通車400円、二輪車100円）
バ トイレ　HP http://www.usajinguu.com/

田園に囲まれた平地に突如滝が現れる東洋のナイアガラ

自然

原尻の滝《はらじりのたき》

必見！
東洋のナイアガラ

おおいた豊後大野ジオパークを代表する景観である原尻の滝。平野の中にある滝を様々な角度から眺めることができる

迫力ある姿で日本の滝百選に選ばれた名滝

原尻の滝は、水車や石橋のあるのどかな風景が広がる緒方平野に位置し、おおいた豊後大野ジオパークを代表する自然景観（ジオサイト）である。日本の滝百選に選ばれている原尻の滝は、滝幅１２０ｍ、落差20ｍものスケールで、平野の真ん中に突如落ち込むように現れ、緩やかなU字型のカーブを描く岩壁の間を幾筋もの分岐瀑となって、水は滝壷に轟音を響かせながら落下する。滝の下流には高さ22ｍ、長さ90ｍの滝見橋という吊り橋があり、雄大なパノラマを正面から目にすることができる。特に梅雨時や降水量が多い日などは迫力満点で最高の景観である。

滝壺の岸まで下りることで、光注ぐ太陽と滝のマイナスイオンを直接肌で感じれば明日へのパワーがみなぎるだろう。

豊後大野は石橋も数多く存在する。原尻の滝上流の原尻橋もそのひとつ

おすすめ！
川上渓谷

おすすめ!!
緒方二宮社鳥居

景勝地

マイナスイオン

自然に囲まれ、マイナスイオンに癒される

滝のすぐ上流の川中には緒方三宮社のひとつ「二の宮社」の鳥居が建っている。この鳥居は緒方《おがた》三郎《さぶろう》惟栄《これよし》により建立され、3本の矢を射て、1本目の矢が落ちた所を「一の宮社」、2本目を「二の宮社」、3本目を「三の宮社」として3つの神社を建てたと伝えられている。

また、祖母傾国定公園のすそ野にある川上渓谷は「豊の国名水15選」や「森林浴の森百選」に選定されており、花崗岩が形成するV字谷を渓流が流れる様子は、祖母山系で最も美しい渓谷であるとも称される。周囲に繁る針葉樹林と広葉樹林が混生した原生林は、学術保護林に指定されている。

原尻の滝周辺には自然そのままの姿と触れ合える機会が多くあり、まさに癒しのスポットであると言えるだろう。

清らかな水が流れる川上渓谷の渓流

原尻の滝上流に位置する二の宮社の鳥居

毎年4月には原尻の滝周辺でチューリップフェスタが行われる

滝つぼ付近から見る大パノラマは度肝をぬく迫力。この姿は9万年前の阿蘇山噴火によって発生した火砕流が冷えて固まり、川の水で削られたことによって形成された

お出かけスポット壱

道の駅　原尻の滝

日本の滝百選「原尻の滝」を眺めることのできる道の駅。

問）tel.0974-42-4140
住）大分県豊後大野市緒方町原尻936-1
時）3～11月 9:00～17:30
　　12～2月 9:00～16:30
休）年末年始

お出かけスポット弐

緒方宮迫西石仏

国指定史跡となっている石仏。約500m先には東石仏もある。

問）tel.0974-22-1001
　（豊後大野市商工観光課）
住）大分県豊後大野市緒方町久土知
時）なし　休）なし　料）なし

ACCESS

電車・バス　JR豊肥本線 緒方駅で下車、車で約5分

車　豊後大野市役所から国道502号線を緒方方面へ車で約20分

DATA

tel.0974-22-1001

問 豊後大野市商工観光課
住 大分県豊後大野市緒方町原尻
時 なし
休 なし　料 なし
駐 188台（無料）　バ なし
HP https://www.bungo-ohno.com

人の手が全く加わっていない原生林。非日常の風景を見ると心が洗われる

必見!
カクシ水

自然

黒岳原生林《くろたけげんせいりん》（男池《おいけ》）

人を寄せ付けない原生林。自然に育まれた湧水でパワーをいただく

◆大自然がそのまま残る希少な原生林

阿蘇くじゅう国立公園の一角にある黒岳。原生林で埋め尽くされた雄大な山は冬になると広葉樹の木立が黒みを帯び、山全体が黒っぽく見えることからその名が付いたと言われる。九州でも残り少ない原生林である黒岳原生林は21世紀に残したい日本の自然100選にも選ばれている。

人の手が加わっていないそのままの原生林にはクヌギやブナ、ナナカマドなど多くの植物が生息しており、変わった形の木や苔むした木、倒れたまま巨木、そこから生まれた新しい芽には力強い生命力を感じる。四季折々の雄大な自然美は多くの登山客を魅了している。

雄大な自然そのものである黒岳。四季を通じて景観が美しく変化する

おすすめ! 原生林

おすすめ!! 名水の滝

景勝地

マイナスイオン

由布市

◆1日約2万tにも及ぶ湧出量の名水

黒岳の北側には男池湧水群があり、日本名水百選に選ばれている。男池から湧き出る水は1年を通して約13度に保たれ、湧出量は毎分14トン、1日約2万トンにも及ぶ。黒岳の地下水が長い時間をかけて地層を通り抜けて湧き出すため、ミネラル分を適度に含み、微量の炭酸ガスも含まれている。飲料水としての水汲み客が多いが、透き通った青い池の中は眺めているだけで心が洗われるような神秘的な場所である。

男池から20分程登ると「カクシ水」と呼ばれる湧泉があり、夏でも8度という冷たい清水は登山客にとって嬉しい憩いの場となっている。

名水がこんこんと涌き出ている

夏でも冷たくおいしい湧水は大人気

左右に分かれている名水の滝

お出かけスポット壱

白水鉱泉

湧水に発泡性があり、砂糖を加えるとソーダ水のような味が楽しめる。

問）tel.097-597-3267
（白水鉱泉 大分受付事務所）
住）大分県由布市庄内町阿蘇野2278
（現地販売所）
時）8:00～17:00　休）なし
料）なし　※水汲みは有料

お出かけスポット弐

湯平温泉の石畳

800年もの歴史を持つ、胃腸病に特効があるといわれる温泉地。

問）tel.0977-86-2367
（湯平観光案内所）
住）大分県由布市湯布院町湯平
時）なし
休）なし

ACCESS

電車・バス　JR久大本線 天神山駅から車で約40分（男池まで）

車　大分自動車道 湯布院ICから国道210号線を経由し県道621号線を車で約1時間（男池まで）

DATA

tel.097-585-1920

問 男池清掃員詰所
住 大分県由布市庄内町阿蘇野
時 8:00～17:00
休 なし　料 黒岳・男池清掃協力金 100円
駐 200台（無料）　バ トイレ
HP http://www.city.yufu.oita.jp/

自然

金鱗湖・天祖神社《きんりんこ・てんそじんじゃ》

寒い日の早朝に幻想的な光景が見られる湖畔の神社

湖中に立つ天祖神社の鳥居

言わずと知れた全国有数の温泉地「湯布院」。天祖神社は湯布院を代表する名所である金鱗湖のほとりに鎮座する古社で、湖の対岸から見える湖中に立つ石の鳥居が天祖神社の鳥居になる。もともと佛山寺にあった金比羅宮が明治の神仏分離によって現在の場所に移された。

金鱗湖は明治初期の儒学者・毛利空桑が湖で泳ぐ魚の鱗が夕日で金色に輝くのを見て名付けたとされ、湖に温泉と清水が流れ込む為に秋から冬の早朝に見られる霧のベールに包まれる光景は非常に幻想的である。

おすすめ!
朝霧の湖畔

1周するのも簡単な小さな湖である

湖を霧が覆う光景は壮観である

お出かけスポット

佛山寺

金鱗湖と由布岳、湯布院の自然に囲まれた、地元の人に愛されるお寺。

問）tel.0977-84-2714
住）大分県由布市湯布院町川上1879
時）なし
休）なし

ACCESS

電車・バス　JR久大本線 由布院駅から徒歩で約25分

車　大分自動車道 湯布院ICから県道216号線を車で約10分

DATA

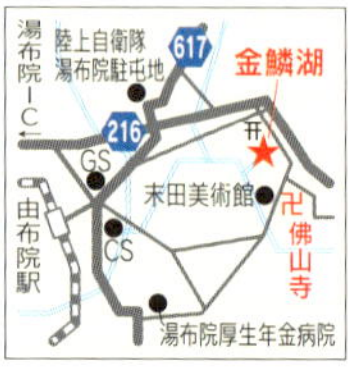

tel.097-582-1111

問 由布市商工観光課
住 大分県由布市湯布院町川上1561-1
時 見学自由
休 なし
料 なし　駐 なし
バ なし　HP http://www.city.yufu.oita.jp/

景勝地
マイナスイオン
由布市

日本名水百選が流れる日本一長い水中鍾乳洞

必見！
示現の淵

施設最奥部にある元現の淵は、大きな口を開け吸い込まれそう

自然

稲積《いなづみ》水中《すいちゅう》鍾乳洞《しょうにゅうどう》

3億年前の古生代に形成され、30万年前の阿蘇火山大噴火により水没し現在の形を形成した水中鍾乳洞。洞口には虹の滝があり、晴れた日には昼過ぎまで虹が現れる。中に入ると水中鍾乳石や珊瑚石、ベルホール、ヘリクタイトなどが数多く見られ、無数の鍾乳石、水深40mをこえる深渕、未知の洞奥から湧き出る清流など、清らかな水が千変万化の美をおりなし訪れる人たちを幻想の世界へ導いてくれる。

洞内の温度は一年中16度で一定のため、夏は涼しく、冬は暖かく、マイナスイオンを

おすすめ！
昇龍大観音

おすすめ!!
虹の滝

探検心をくすぐる神秘的な空間

県内一の大きさを誇る稲積昇龍大観音

家内安全　金運上昇　良縁・縁結び　マイナスイオン

お出かけスポット

昭和タイムトリップ ロマン座

昭和時代のなつかしい風景を再現した昭和タイムトリップ館。

問）tel.0974-26-2468
住）大分県豊後大野市三重町中津留300
時）9:00～17:00
（夏期は延長営業）
休）なし

ACCESS

電車・バス　JR豊肥本線　三重町駅を下車し大野交通バス（三重～白山線）鍾乳洞前下車、徒歩で約1分

車　豊後大野市役所から白山方面へ車で約20分

DATA

tel.0974-26-2468

問　稲積水中鍾乳
住　大分県豊後大野市三重町中津留300
時　9:00～17:00(夏期は延長営業）　休　年中無休
料　大人1,300円、中・高・大学生1,000円、4才～小学生700円
駐　300台（無料）
バ　トイレ　HP　http://www.inazumi.com

神秘のベールに包まれた国内最大規模の摩崖仏群

必見！
古園石仏

古園石仏は臼杵石仏の中心的存在

仏像

国宝《こくほう》 臼杵石仏《うすきせきぶつ》

古園石仏大日如来像に代表される臼杵石仏（摩崖仏）は、平安時代後期から鎌倉時代にかけて彫像されたと云われる。その規模と数量、彫刻の質の高さにおいて、日本を代表する石仏群であり、平成7年6月15日に摩崖仏では全国初、彫刻としても九州初の国宝に指定されている。

　四群に分かれている石仏群は地名によって、ホキ石仏第一群（堂ヶ迫石仏）、ホキ石仏第二群、山王山石仏、古園石仏と名づけられているが、巨大な石仏群を誰が、どのような目的で造営したのかについては、はっきりとした事はわ

磨崖仏が20数体並ぶホキ石仏第一群

ホキ石仏第2群「九品の弥陀」

おすすめ！ 満月寺《まんがつじ》

おすすめ!! 化粧の井戸

家内安全　仕事運　良縁・縁結び　健康運

ACCESS

電車・バス JR日豊本線 臼杵駅から車で約20分

車 東九州自動車道 臼杵ICから車で約5分

DATA

tel.0972-65-3300

問 臼杵石仏事務所　住 大分県臼杵市深田804-1
時 6:00～19:00（10月～3月は18:00まで）
休 なし　料 大人550円、小人270円
駐 80台、大型バス12台（無料）
バ 施設・トイレ・駐車場
HP http://www.city.usuki.oita.jp/sekibutsu/

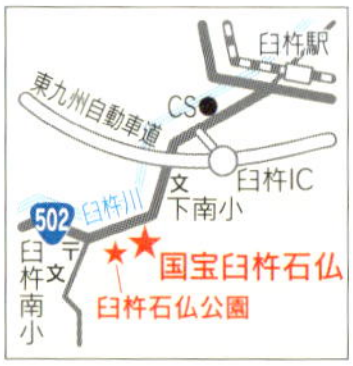
臼杵駅
東九州自動車道
CS
臼杵IC
文 下南小
502
臼杵川
臼杵南小
国宝臼杵石仏
臼杵石仏公園

お出かけスポット

臼杵石仏公園

臼杵石仏に隣接した公園で、夏になると無数のハスの花が咲き誇る。
問）tel.0972-65-3300
住）大分県臼杵市深田804-1
時）なし
休）なし
（ハスの花開花は7月～8月）

地蔵尊

どんな願いも叶えてくれる御利益満点の地蔵尊

日田市

高塚愛宕地蔵尊《たかつかあたごじぞうそん》

必見!
御霊木の銀杏

家内安全　学業運　金運上昇　商売繁盛

約１２００年前の奈良時代に高僧行基が彫ったと伝えられる地蔵菩薩を祀る高塚愛宕地蔵尊。神仏混淆の信仰形態をそのまま残しており、どんな願いも叶えてくれるという諸願成就の地蔵尊として広く信仰を集めており、拝殿、神殿、境内の地蔵には自分の歳の数だけ願い事を書いた紙や布施が張り付けられている。

樹齢千年余りの御霊木である銀杏や、信者の寄進による二千体超のお地蔵さまは信仰の深さが垣間見れる。

ACCESS

電車・バス　日田バス 高塚バス停下車、徒歩約15分

車　大分自動車道 天瀬高塚ICから車で約5分

DATA

tel.0973-57-9200

問 高塚愛宕地蔵尊
住 大分県日田市天瀬町馬原3740

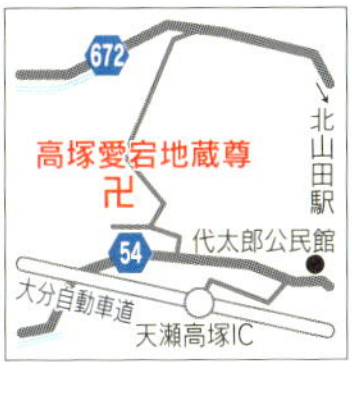

時 なし
休 なし
料 なし
駐 800台（無料）
バ トイレ・駐車場
HP http://www.takatukasan.com/

地蔵尊

悲恋「豊姫伝説」の地蔵と、冥界の橋渡し十王像

杵築市

轟地蔵《とどろきじぞう》

必見!
地蔵・十王像

良縁・縁結び　マイナスイオン

時は鎌倉時代。木付城第4代城主、木付頼直の一人娘である豊姫は安岐城主との婚約が良くない噂によって破談となり、悲観して「轟の淵」に身を投じる。

娘を哀れに思った城主が石工に地蔵を彫らせ轟の地に安置し、冥福を祈ったと伝えられている。地蔵の顔におしろいを塗って祈願すれば良縁に恵まれるなどの願いが叶うと言われており、地蔵とともに安置してある十王像は両像ともに市の有形文化財に指定。

ACCESS

電車・バス　バスの本数が非常に少ない為、杵築市観光協会に要問合せ

車　大分空港道路 杵築ICから車で約10分

DATA

tel.0978-63-0100

問 杵築市観光協会
住 大分県杵築市大字溝井字小平630-3

時 なし
休 なし
料 なし
駐 10台（無料）
バ なし
HP なし

必見！
展望

地元の方々により御堂の中はきれいに整備されている

不動尊

五辻不動尊《いつつじふどうそん》

千燈岳の尾根、標高約３５０ｍの不動山の突き出た岩屋に祀られた五辻不動尊（不動明王）。天気の良い日は、山頂から姫島や周防灘、遠くは山口県の防府市や、四国の佐多岬が一望できる。

また、五辻不動尊の近くには旧千燈寺跡があり、石垣や石畳などの史跡を見ることができる。伽藍跡には仏堂は無いが、半肉彫りされた珍しい仁王像が出迎えてくれる。さらに奥には大分県有形文化財で、千燈寺石造五輪塔群があり、仁聞の墓と伝えられる仁聞国東塔がある。この地域は銀杏やもみじなど新緑や紅葉が美しいスポットとしても知られている。

旧千燈寺跡には一対の仁王像が立ち並ぶ

千燈寺石造五輪塔群

おすすめ！
仁王像

おすすめ!!
千燈墓地

ACCESS

電車・バス JR日豊本線　宇佐駅前から伊美行バスに乗り終点下車。終点から車で約20分

車 大分空港道路終点から国道213号線を国見方面へ約45分、さらに、31号線を赤根方面へ約15分

DATA

tel.0978-72-5168

問 国東市観光課
住 大分県国東市国見町千灯
時 なし
休 なし
料 なし　駐 10台（無料）
バ なし　HP なし

お出かけスポット

国見温泉　あかねの郷

六郷満山の季節を感じながら、ゆっくりと温泉に入れる。

問）tel.0978-82-1571
住）大分県国東市国見町赤根2064-3
時）11:00〜21:00
休）不定休
料）大人400円、子供200円

景勝地
マイナスイオン
国東市

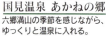

石への信仰を今に受け継ぐ、標高458mの山

自然

猪群山《いのむれさん》

昔、多くの猪が住んでいたことから名付けられたと言われている猪群山。山の中腹には常盤の巨石群、山頂近くにはストーンサークルがあり、かつてこの巨石群がある一帯は女人禁制の霊場とされていた。

山頂近くのストーンサークルは1800年前のものと推定されているが、正しく東西南北を示して立てられていることから様々な憶測を呼んでいる。作家の松本清張氏と考古学者の斎藤忠氏が現地調査した報告書もある。

景勝地　マイナスイオン

豊後高田市

ACCESS

電車・バス 大交北部バス 原田医院前下車、徒歩で約20分(山頂まで徒歩1時間)

車 宇佐別府道路 宇佐ICから豊後高田市内へ車で約40分(山頂まで徒歩1時間)

DATA

tel.0978-22-3100

問 豊後高田市観光協会
住 大分県豊後高田市真玉常盤

時 なし
休 なし
料 なし
駐 20台（無料）
バ なし
HP https://www.showanomachi.com

日本最古の観音霊場　飛来山　霊山寺

寺院

霊山寺《りょうぜんじ》

霊山(標高596m)の中腹に佇むお寺。寺の始まりは西暦708年とされ日本最古の観音霊場として最澄や空海も来錫したといわれている。

インド僧がこの地を訪れた際に山の姿をみて、釈尊が法華経や阿弥陀経を説いたインドの霊鷲山にそっくりなのに驚き「霊鷲山の一角が日本に飛んで来たのではあるまいか」と飛来山の山号をつけたと伝えられている。秘仏である本尊の十一面観世音菩薩は毎月旧17日に御開帳される。

学業運　仕事運　景勝地　マイナスイオン

大分市

ACCESS

電車・バス 大分バス　ふじが丘山手バス停下車、徒歩約60分

車 大分市街地より府内大橋を渡りホワイトロードより左折、田尻入口より入る

DATA

tel.097-541-0162

問 霊山寺
住 大分県大分市大字岡川855

時 要問い合わせ
休 要問い合わせ
料 なし
駐 20台（無料）
バ なし
HP http://www3.coara.or.jp/~ryouzen/

吊橋

九重《ここのえ》"夢《ゆめ》"大吊橋《おおつりはし》

竜神伝説が残る震動の滝を一望出来る日本一の歩道吊橋

必見! 震動の滝

震動の滝は吊橋からと展望所から見る事ができる。近づくと震動が伝わってくる

九酔渓の標高777mに架かる長さ390m高さ173m、人道専用吊橋としては日本一の高さを誇る。橋上からは、鳴子川渓谷の原生林や日本の滝百選にも選ばれている震動の滝、くじゅう連山などの360度の大パノラマが広がる。

この震動の滝には、昔、年老いた竜神が住んでおり、不老長寿の薬として若い女を差し出すように里に迫ったが、約束を果たさないことに怒り、水を干上がらせ、最後の力で断崖をよじ登り里に火を噴いたという竜神伝説が残っている。その際、岩や木をかきむしって這い上がった跡が近くの白鳥神社のそばに残っていると云う。

おすすめ! 鳴子川渓谷

おすすめ!! 白鳥神社

震動の滝（雄滝）

新緑や紅葉、冬景色など四季折々の絶景を堪能できる

お出かけスポット

タデ原湿原

ラムサール条約に登録された湿地帯。

問）tel.0973-79-2154（長者原ビジターセンター）
住）大分県玖珠郡九重町大字田野225-33
時）9:00～17:00(11月～3月～16:00)
休）12/29～1/3

ACCESS

電車・バス JR久大本線 豊後中村駅下車し、コミュニティバス 大吊橋中村口下車

車 大分自動車道 九重ICから国道210号線に出て、県道40号線を飯田高原方面へ車で約30分

DATA

tel.0973-73-3800

問 九重"夢"大吊橋観光案内所
住 大分県玖珠郡九重町大字田野1208
時 8:30～17:00(1～6月・11～12月)、8:30～18:00(7～10月)
休 なし（但し、天候等の理由で休業する場合あり）
料 中学生以上500円、小学生200円 ※団体（30名以上）は1割引
駐 普通車約200台、大型バス約30台（無料）
バ トイレ HP http://www.yumeooturihashi.com/

景勝地

マイナスイオン

九重町

霊池がご神体。千数百年来佇む由緒正しい八幡古社

良縁・縁結び
マイナスイオン
中津市

神社

薦神社《こもじんじゃ》

承和年間（834～848年）に社殿が作られた薦神社は、全国八幡宮の総社宇佐八幡宮と古くから深いかかわりがあり、別名大貞八幡宮とも称される。

霊池である三角池を内宮、社殿を外宮と仰ぐ由緒正しい八幡の古社で、江戸時代初期に造られた国指定重要文化財の神門をはじめ、本殿などいずれも見事な建築美で、三角池の滑らかな水面とともに荘厳な神域を形成している。三角池には名の由来である真薦が自生している。

ACCESS

電車・バス 大交北部バス 薦神社前下車、すぐ

車 宇佐別府道路 宇佐ICから車で約30分

DATA

tel.0979-32-2440

問 大貞八幡宮薦神社
住 大分県中津市大字大貞209

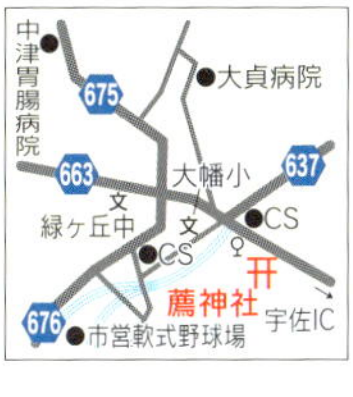

時 なし
休 なし
料 なし
駐 80台（無料）
バ なし
HP http://komojinja.jp/

カラオケファンの聖地。ノドにご利益、必唱祈願

勝負運
健康運
杵築市

神社

歌羅音健神社《からおけじんじゃ》

元気に歌って健康になる神社に、と祭主が願いを込めて名付けた歌羅音健神社。のどの病に効用があるとされる山の神を祀った祠が事情により取り壊されたが、地域の方の要望と町おこしの為に神社を建立したという。「国東半島」のご当地を唄った演歌歌手松前ひろ子が評判を聞きつけ、ヒット祈願をしたところ大ヒットとなった。現在はのど自慢たちの人気を集めておりカラオケファンたちの聖地になっている。

ACCESS

電車・バス バスの本数が非常に少ない為、杵築市観光協会に要問合せ

車 大分空港道路 杵築ICから車で15分

DATA

tel.0978-63-0100

問 杵築市観光協会
住 大分県杵築市守江4745-29

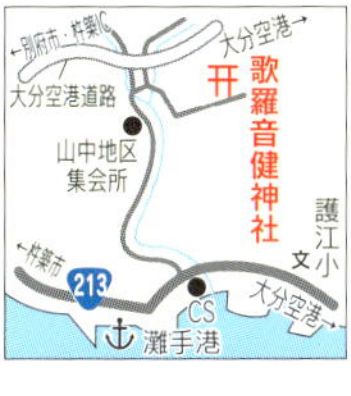

時 なし
休 なし
料 なし
駐 20台（無料）
バ なし
HP なし

コラム 水紀行 其の参

熊本水遺産めぐり

立田自然公園《たつだしぜんこうえん》（泰勝寺跡《たいしょうじあと》）

熊本県熊本市中央区黒髪4-610

四季折々の自然に囲まれた池泉。細川家の菩提寺跡。

八景水谷《はけのみや》

熊本県熊本市北区八景水谷1

熊本市上水道発祥の地。水道記念館や水の科学館を併設。

お手水《おちょうず》

熊本県熊本市西区花園7-1626（柿原養鱒場内）

健磐龍命が手水に使ったといわれる伝承を持つ湧水。

釣耕園《ちょうこうえん》

熊本県熊本市西区島崎5

飛石を配した広い池と山渓を取り入れた庭園。

天福寺《てんぷくじ》

熊本県熊本市西区花園7-2444

細川家の祈願所とし有名。小萩山の南麓の湧水が溢れる。

雲巌禅寺《うんがんぜんじ》

熊本県熊本市西区松尾町平山589

宮本武蔵も飲んだといわれた金峰山麓の湧水。

宮崎県

必見！大己貴命

神社

古代から今を結ぶ生命力と荘厳な空気を感じる神域

日向国一之宮 都農神社《つのじんじゃ》

出雲神話の神、大己貴命（別名・大国主命）を祀る本殿

昭和初期と推定される旧御社殿

明治18年頃の御社殿絵図（河野義三郎氏 所蔵）

日向国の一之宮で最古とされ推古朝以前に存在していたという都農神社。広い敷地内には玉砂利の参道から連なる数々のご利益スポットがある。森林に囲まれた緑溢れる杜をゆっくりとめぐってみよう。

家内安全　子宝　良縁・縁結び　健康運

おすすめ！ 社殿

おすすめ!! 彫刻

おすすめ!!! 日本庭園

ACCESS

電車・バス　JR日豊本線 都農駅下車、徒歩約25分

車　宮崎空港から約1時間20分
東九州自動車道 都農ICから約5分

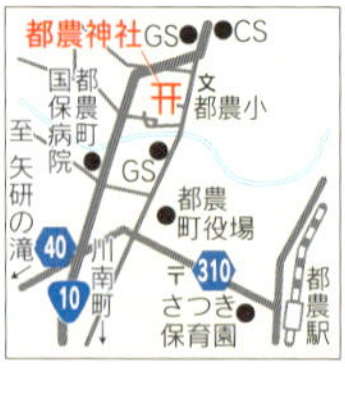

DATA

tel.0983-25-3256

問 都農神社社務所
住 宮崎県児湯郡都農町大字川北13294
時 6:00～17:00
休 なし　料 なし
駐 150台（大型車可・無料）　バ 車椅子可
HP http://w01.tp1.jp/~sr09697901/

◆醍醐天皇の命により編集された「延喜式」神名帳に記載される神社

「延喜式」に記載されている都萬・江田・霧島岑と並ぶ日向式内四座の一社。日向一之宮とし、社殿は壮大、境内広闊で、6〜7世紀以前に創建されたと推定される。神武天皇が御即位6年前に宮崎の宮を発し東遷の際に立ち寄り、国土平安、海上平穏、武運長久を祈願し御祭神を鎮祭されたと伝えられている。旧記によると日向国の第一大杜であったが天正6年（1578）島津・大友両家の争いにより社殿・古文書・宝物等をすべて焼失。御神体だけが尾鈴山麓の神社に避難し難を逃れたという。争乱後は長年、小さな祠があるのみの状態。その後元禄5年（1692）秋月種政により復興し、安政6年に篤志家の社殿寄進により再興。

現在の新社殿は、旧社殿の老朽化に伴い平成14年より御造営奉賛会を設立し平成19年7月7日に竣成、夜に御神体を御遷した。

大己貴命は多くの妃との間に御子を授かった事から、子孫繁栄、縁結びの神と云われ信仰が篤く、また医療の法を定め多くの人々を助けた事から病気平癒の神とも云われている。また少彦名命と共に力を合わせて多くの人と交流を深め、次々と国造りをされた事により、商売繁盛の神としても信仰されている。

子授けや商売繁盛の御利益

信仰

撫で大国《なでだいこく》

病気平癒や子宝、商売繁盛のご利益があるとされ、願いを込めて撫でるとより一層願い事が叶うといわれる。

素直な心を表す象徴

信仰

撫でウサギ《なでうさぎ》

大己貴命が因幡の国を訪れ苦しむウサギを救う。この行いからウサギは病気平癒のご利益があるとされる。

大己貴命を守護した鼠

信仰

鼠の彫刻《ねずみのちょうこく》

大己貴命が修行中に、鼠の助けによって難を逃れた。福の神様の使いとし本殿に彫刻されている。

約2600本の杉に囲まれる

門

神門《しんもん》（南大門《みなみだいもん》）

御神域と俗世界を区切る神門。境内は約2600本の杉や、樹齢約400年の御神木（楠）の森林に囲まれ、凛とした空気が広がる。

おすすめ霊場・神社めぐり②

信仰 御神象（ごしんぞう）
御神木から生れ出でた象

夫婦楠の双幹から生まれた象。ハートマークや象を撫でると恋愛成就や夫婦円満、子宝のご利益があると云われる。

霊石 あぶら石（あぶらいし）
標達成や心願成就の霊石

戦前は災害時、石に油を注ぎ火を灯し遥拝所としていた。目標達成や心願成就の霊石として信仰されている。

亭 竹柏亭（ちくはくてい）
西神池の畔に移設された旧授与所

旧授与所を移設し、現在は茶室として利用。毎月1日は抹茶を愉しむ茶会が開かれ気軽に参加できる。

庭園 西神池（にししんいけ）
地域の方の憩いの場

明治2年（1869）に尾張国の庭師が造園。池にある島は「心」の文字をかたどり造られている。

都農神社境内MAP

① 御社殿（本殿・幣・拝殿）
② 熊野神社（末社）
③ 素盞烏神社（摂社）
④ 手摩乳・足摩乳神社（摂社）
⑤ 稲荷神社（末社）
⑥ 神楽殿・神輿庫
⑦ 神符守札授与所
⑧ 祓所
⑨ 手水舎
⑩ 竹柏亭（多目的施設）
⑪ 社務所
⑫ 福徳寮
⑬ 車祓所
⑭ 愛宕神社（末社）
⑮ 夫婦楠・神象
⑯ 百椿園
⑰ 西神池
⑱ 一の宮公園
⑲ 太鼓橋
⑳ あぶら石
㉑ 撫で大国
㉒ 一の宮食堂

矢研の滝
都農神社から約20km

都農町

おすすめ霊場・神社めぐり② 日向国一之宮 **都農神社**

宮崎県

摂社
素盞烏神社
すさのおじんじゃ

すさのおのみこと
素盞烏命

五穀豊穣や大漁守護を祈願し海水で清められた「浜下り石」を海へ取りに行き摂社の回廊に奉納。本殿の左に位置。

摂社
手摩乳・足摩乳神社
てなづち・あしなづちじんじゃ

てなづちのみこと・あしなづちのみこと
手摩乳・足摩乳命

手摩乳命と足摩乳命はヤマタノオロチに出てくる夫婦神を祀る摂社。櫛稲田姫（クシイナダヒメ）の両親でもある。本殿の右に位置。

末社
熊野神社（旧本殿）
くまのじんじゃ（きゅうほんでん）

はやたまおのみこと・ことさかおのみこと・くくりひめのみこと
早玉男命・事解男命・菊理比売命

天正6年に焼失し元禄5年に再建された。安政6年篤志家の社殿が寄進された。早玉男命・事解男命・菊理比売命を御祭神とする旧本殿。

末社
愛宕神社
あたごじんじゃ

ほむすびのみこと
火産霊命

火伏や防火、火の神とし火産霊命を祀り二の鳥居元に鎮座している愛宕神社。旧暦1月24日には例祭が行われる。

自然
矢研の滝
やとぎのたき

日本の滝百選
都農神社から車で約50分

神武天皇が日向国から東遷へ向かう際、矢じりを研いだと言われる滝。段差73m、尾鈴山瀑布群を代表し日本の滝百選に選定されている。

末社
稲荷神社
いなりじんじゃ

うかのみたまのみこと
宇加之御魂命

殖産興業・五穀豊穣・商売繁盛・大漁守護のご利益がある神社。秋には収穫を感謝し祭典と都農神楽が奉納される。

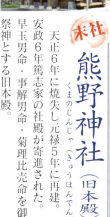

亜熱帯植物と波状岩に囲まれた海に浮かぶ青島

神社

青島神社

あおしまじんじゃ

必見！ 鬼の洗濯板

椰子科の植物と貝殻で囲まれた本殿。右は弁財天様、左には恵比寿様が祀られている

海幸彦と山幸彦の神話の舞台となる神秘的な聖域

彦火火出見命が海積宮から還幸された御宮居の跡とし彦《ひこ》火火《ほほ》出見命《でみのみこと》・豊玉姫命《とよたまひめのみこと》・塩筒大神《しおづつのおおかみ》の三神を祀る青島神社。

約１２００年前、平安朝の国司巡視記「日向土産」に嵯峨天皇の御宇奉崇青島大明神と記され文亀以後は藩主伊東家の崇敬が厚く御社殿の改築や境内の保護に万全を尽す。明治以後は国内絶無の熱帯植物繁茂の霊域を訪ねる人が多くなり、縁結び、安産、航海、交通安全の神とし信仰されている。

江戸時代（約２５０年前）までは神聖な霊地とし、一般の入島ができず元文2年に入島が自由になる。昔から聖域として保護された為自然のままに残り大正10年青島熱帯植物産地、昭和27年特別天然記念物、昭和９年、鬼の洗濯岩が天然記念物に指定された。

水成岩が隆起し、長い間の波蝕によりできた波状岩鬼の洗濯板

おすすめ！ 青島熱帯植物産地

おすすめ!! 弥生橋

子宝　金運上昇　良縁・縁結び　健康運

願いを込めて結ばれた色鮮やかな紙縒

◆遊び心溢れる数々の祈願スポット

山幸彦が豊玉姫と出会った地と言われ、竜宮城の入り口とされる井戸の玉の井。病気平癒・家内安全等の清めの水とし水を汲みに来社する人が絶えない。願い府に願を込め、井戸の水に浮かべ龍口からでる清水をかけると一瞬で消え願が叶うといわれる。

元宮は約5千本の常若《とこわか》の霊木・蒲葵樹《びろうじゅ》に囲まれて鎮座する。元宮の隣には夫婦蒲葵があり昔は病気平癒や婦人病のご利益があるとされ髪の毛を結び帰る信仰があった。現在では縁結びや金運など願い事の色の産霊紙縒《むすびこより》を鈴緒に結び祈願。天の平瓮投げは平瓮《ひらか》に小声で願い事を唱え投げる。磐境《いわさか》に平瓮が収まれば心願成就、平瓮が割れれば開運厄払いといわれる。

周囲約1.5km、高さ6m、面積4.4Ha、青い海と洗濯板にかこまれた青島

貝殻に願いを込めて波状岩に供える真砂の貝文（まさごのかいぶみ）

お出かけスポット壱

日向神話館

日向神話の世界を30体の蝋人形と12の場面で判りやすく伝える。古代のロマンを体感。

問）tel.0985-65-1262
住）宮崎県宮崎市青島2-13-1(青島神社内)
時）8:00～17:00(夏季は～18:00)
休）なし
料）大人600円、中高生400円、小人300円

お出かけスポット弐

宮交ボタニックガーデン青島

429種類、約2,500本の熱帯植物が繁茂し、四季折々の植物を鑑賞できる。

問）tel.0985-65-1042
住）宮崎県宮崎市青島2-12-1
時）8:30～17:00
休）なし　料）無料

ACCESS

電車・バス JR日南線 青島駅下車徒歩約10分、宮崎交通青島バス停下車、徒歩約10分

車 九自動車道 宮崎ICから国道220号を日南方面へ車で約20分

DATA

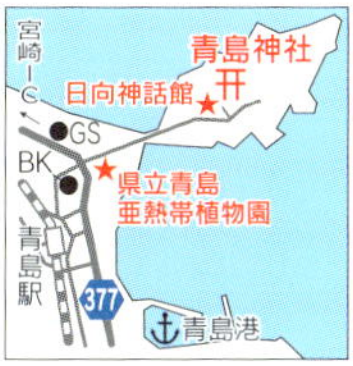

tel.0985-65-1262

問 青島神社社務所　**住** 宮崎県宮崎市青島2-13-1
時 6:00～18:30　**休** なし　**料** なし
駐 青島駅前に市営駐車場あり（無料）
民間駐車場（500円～）
バ あり(参道は砂利の為多少困難、参道の途中に障害者用トイレあり)
HP http://www9.ocn.ne.jp/~aosima/

神社

宮崎神宮《みやざきじんぐう》

初代天皇を祀り悠久の時を刻む由緒ある神社

必見!
流鏑馬

明治40年に竣工された、日向の名材狭野杉を用い白木で銅板葺きの神明造り(しんめいづくり)

社伝によると神武天皇の孫、健磐龍命《たけいわたつのみこと》が九州の長官に就任した際、祖父のご遺徳をたたえるため鎮祭したのが始まりと伝えられている。建久８年（１１９７）土持太郎信綱《つちもちたろうのぶつな》が現在地に社殿を造営したのが最古の記録として残されている。神武天皇を祭神とし、相殿に父・鵜鶿草葺不合尊《うがやふきあえずのみこと》、母・玉依姫《たまよりひめ》命が祀られている。

神宮では月の無事を祈る朔日参り(1日)など年間約60万人の参拝客が訪れる。10月26日の例祭後の最初の土・日に行われる御神幸祭は、秋の風物詩として多くの参拝者で賑わう。

悠久の舞

毎年4月3日桜の下で行われる流鏑馬(やぶさめ)

おすすめ!
ふじ棚

おすすめ!!
ご神田

お出かけスポット

県立平和台公園

紀元2600年を記念し建立された平和の塔。はにわ園や自然散策がおすすめ。

問）tel.0985-35-3181
住）宮崎県宮崎市下北方町越ヶ迫6146
時）なし(はにわ館8:30～17:00)
休）なし(はにわ館は月・火)　料）なし

ACCESS

電車・バス 宮交シティから宮崎神宮行きバス20分、宮崎神宮下車。

車 JR日豊本線 宮崎駅から約10分、宮崎空港から約30分

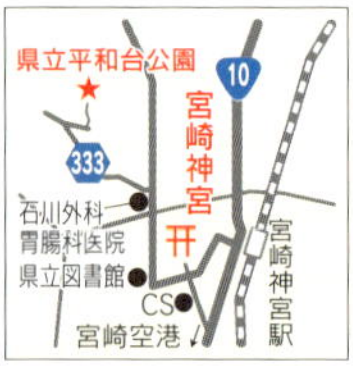

DATA

tel.0985-27-4004

問 宮崎神宮社務所
住 宮崎県宮崎市神宮2-4-1
時 5:30～18:30（10～4月は17:30まで）
休 なし　料 なし　駐 1,400台（無料）
バ トイレ(1か所)、社殿、車椅子貸出あり
HP http://miyazakijingu.jp/

家内安全
勝負運
健康運
宮崎市

神々の故郷、みそぎ祓えの神秘的な聖地

自然

御池（みそぎ池）

みいけ（みそぎいけ）

必見!
照葉樹林

池の底から湧き出る水源の天然池。松林の中に空いた空間が古代への入り口の様

日本の古代神話に登場する、国生みの神、伊邪那岐命《いざなぎのみこと》が、火傷で亡くなった妻である伊邪那美命《いざなみのみこと》を追って行った黄泉の国で穢れを受け、あわて逃げ帰ったのち汚れを清めるため禊を行った場所。イザナギが禊をされた際、左目を洗った時に天照大神《あまてらすおおみかみ》、右目を洗うと月読命《つくよみのみこ》、鼻を洗うと須佐之男命《すさのおのみこと》が生まれたといわれる。

約６０００年前、縄文海進後に形成され、砂丘にたまった雨や湧水が湖沼になった。4月末から咲き始めるスイレンは6～8月頃が見どころとなり黄色い可憐な花が池いっぱいに水面を彩る。

約2千本のスイレンが一面に広がる

宮崎文化遺産とされる4,000m²の御池

おすすめ!
阿波岐原

おすすめ!!
オガタマノキ

お出かけスポット

江田神社

伊邪那岐命、伊邪那美命の両神を祀る古社。安産、縁結び、厄祓のご利益が。

問）tel.0985-39-3743
住）宮崎県宮崎市阿波岐原町字産母127
時）なし　休）なし

ACCESS

電車・バス JR日豊本線 宮崎駅から宮崎交通バスシーガイア行きで20分、市民の森下車すぐ

車 宮崎自動車道 宮崎ICから車で約20分
JR日豊本線 宮崎駅から車で約15分

DATA

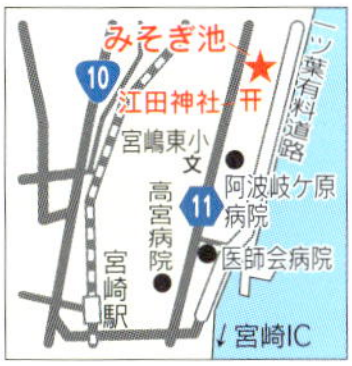

tel.0985-39-7308

問 市民の森管理事務所
住 宮崎県宮崎市阿波岐原町産母128（阿波岐原森林公園 市民の森）
時 なし　休 なし（管理事務所 8:30～17:15）
料 なし　駐 218台（無料）
バ 車椅子用トイレ
HP http://s.park-miyazaki.jp/

景勝地

マイナスイオン

宮崎市

高千穂峰山頂に突き立てられた謎多き伝説の鉾

自然

天逆鉾《あまのさかほこ》

日本最初の新婚旅行として坂本龍馬とお龍が訪れた事でも有名

ニニギノミコトの降臨神話の残る標高1574mの高千穂峰の山頂にそのことを物語るように天逆鉾が立てられている。天逆鉾については諸説あるがニニギノミコトが地上に降り立つ場所を雲の上から探すために使った後、この山頂に逆さに立てたものとも言われている。全長約1.3m、鼻の高い天狗の様な人面が2個ついており、材質は何を使用しているか分からない。

江戸時代にはすでに存在しており1866年、坂本龍馬が新婚旅行でお龍と高千穂峰を訪れた際、2人で引き抜いたとし姉に宛てた手紙や絵が残されている。

天孫降臨の地とされる絶景の高千穂峰

天逆鉾は霧島東神社の社宝とされている

おすすめ!
天逆鉾

お出かけスポット

狭野神社

霧島六所権現社の一つ。神武天皇（幼名：狭野尊）を祀るお社。

問）tel.0984-42-1007
住）宮崎県西諸県郡高原町大字蒲牟田120
時）なし　休）なし

ACCESS

電車・バス　JR吉都線　高原駅を下車し皇子原公園先の登山口まで車で約15分。下車し山頂まで徒歩約3時間

車　宮崎自動車道　高原ICから御池、皇子原公園方面へ、登山口まで車で約20分。下車し山頂まで徒歩約3時間

DATA

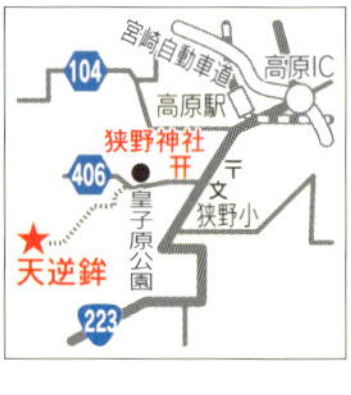

tel.0984-42-2115

問 高原町産業創生課
住 宮崎県西諸県郡高原町大字蒲牟田　高千穂峰山頂
時 なし
休 なし　料 なし
駐 なし
バ なし　HP http://www.town.takaharu.lg.jp

景勝地
高原町

必見！
火山湖

自然

えびの高原六観音御池《えびのこうげんろっかんのんみいけ》

えびの高原池めぐり、四季折々の絶景を

霧島四十八池の中で最も美しいと言われ、光の具合で七色に変化する事もある

村上天皇の時代、日本武尊《やまとたけるのみこと》が白鳥となり性空上人《しょうくうしょうにん》が湖畔に6体の観音を安置した事から六観音御池と呼ばれるようになったという。
日本で最初に指定された霧島錦江湾国立公園内にあり水深14m、周囲1500m、直径400mの火山湖。酸性湖のため湖面がコバルト色をし、霧島の火山湖の中で最も美しいと言われている。天然記念物のノカイドウやミヤマキリシマが自生し、広葉樹と針葉樹が混生する豊かな森が池を包み込む。大自然のエネルギーと高原のマイナスイオンを浴び、心身ともにリフレッシュしよう。

おすすめ！
野生鹿

おすすめ!!
巨木スギ

ミヤマキリシマが咲き誇るえびの高原

樹氷が広がる韓国岳（からくにだけ）と白紫池

お出かけスポット

えびのエコミュージアムセンター

えびの高原に建つ、霧島山の自然や文化について紹介する施設。

問）tel.0984-33-3002
住）宮崎県えびの市末永1495-5
時）9:00～17:00
休）なし

ACCESS

電車・バス　JR吉都線 えびの駅を下車、車で約40分
車　九州自動車道 えびのICから県道30号線を霧島温泉方面へ車で約40分

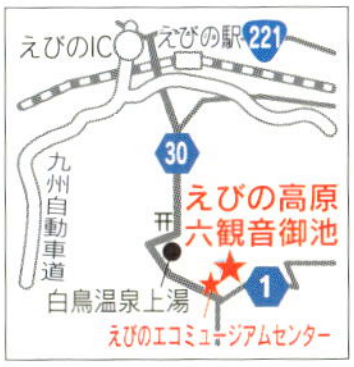

DATA

tel.0984-35-3838
問 えびの市観光協会
住 宮崎県えびの市大字末永
時 なし
休 なし　料 なし
駐 150台（1日500円～）
バ なし　HP http://ebino-kankou.com

景勝地
マイナスイオン
えびの市

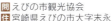

必見！古代銀杏

天岩戸を御神体とした西本宮

神社

天岩戸神社《あまのいわとじんじゃ》

太陽の神、天照大神の神話の舞台となった古社

天岩戸神社の西本宮は、天照大神《あまてらすおおみかみ》が隠れた天岩屋を御神体とし、拝殿の裏には素戔嗚尊《すさのおのみこと》（弟）を避け身を隠したと言われる洞窟がある。岩戸川を挟む東本宮は、太陽の神である天照皇大神を祀る。御神木の根元からは不思議な神水が湧き出している。

町天然記念物に指定されている古代いちょうや、樹齢約600年の根が繋がった七本杉は神域を守るかのようにそびえ立ち豊かな自然に囲まれる。所願成就の御利益があるとされ、春季大祭（5月2・3日）、秋季大祭（9月22・23日）が行われ参拝客で賑う。

太陽の神、天照皇大神を主祭神とした東本宮

西本宮の駐車場にある手力雄命の像

おすすめ！おかたまの木

おすすめ!! 石灯籠

お出かけスポット

天岩戸温泉

天岩戸を望む高台にあり、大浴場と、サウナなどを完備。

問）tel.0982-74-8288
住）宮崎県西臼杵郡高千穂町大字岩戸58
時）10:00～22:00　休）水曜
料）高校生以上350円、70歳以上、中学生300円、小学生150円

ACCESS

電車・バス 延岡駅から高千穂バスセンター行きで約80分、高千穂バスセンター下車、町営バス岩戸線に乗り、岩戸で下車

車 九州自動車道　松橋ICから国道218号線で高千穂へ、高千穂町馬門交差点から県道7号線で岩戸方面へ約10分

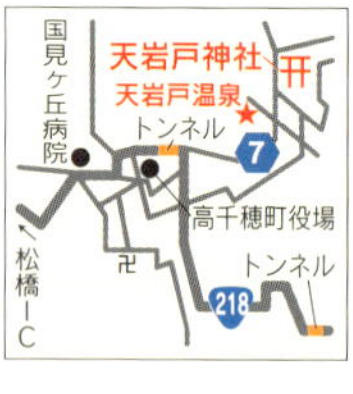

DATA

tel.0982-74-8239

問 天岩戸神社
住 宮崎県西臼杵郡高千穂町大字岩戸1073-1
時 なし
休 なし　料 なし
駐 50台（無料）
バ なし　HP なし

マイナスイオン

高千穂町

自然

天安河原《あまのやすかわら》

八百万の神々が集まり神議したといわれる大洞窟

八百万の神様が相談をしたとされる大洞窟

天照大神が天岩屋に隠れた際、天照大神に外に出てきてもらう為に八百万の神々が集まって神議した場所。神々を偲ぶということから「仰慕ケ窟《ぎょうぼがいわや》」とも呼ばれている。奥行き25m、間口30mと大きな洞窟には、いつの頃からか小石を積むと願が叶うと言われ、今では沢山の石積みがあり神秘的で幻想的な聖域となっている。

洞窟へ向かう途中の橋は最もパワーが強いと言われている。たくさんの森林に囲まれ、マイナスイオンと聖域のエネルギーを体感できる。

おすすめ！
天安河原宮

最もパワーが強いと言われる橋

願いを込めた石積が無数に広がる

お出かけスポット

八大龍王水神社

観世音菩薩の守り神、水上様。愛称をイゴ様と崇敬されている。

問）tel.0982-73-1212
住）宮崎県西臼杵郡高千穂町大字岩戸馬生木
時）なし
休）なし

ACCESS

電車・バス 延岡駅から高千穂バスセンター行きで約80分、高千穂バスセンター下車、町営バス岩戸線に乗り、岩戸で下車後、徒歩10分

車 九州自動車道　松橋ICから国道218号線で高千穂へ、高千穂町馬門交差点から県道7号線で岩戸方面へ約10分

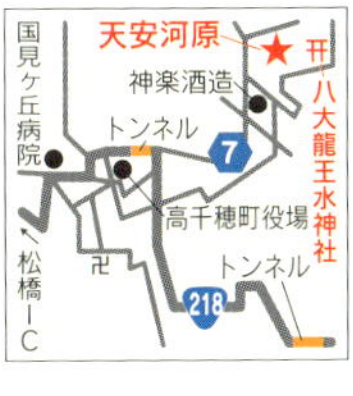

DATA

tel.0982-74-8239

問 天岩戸神社
住 宮崎県西臼杵郡高千穂町大字岩戸1073-1
時 なし
休 なし　料 なし
駐 なし
バ なし　HP なし

マイナスイオン

高千穂町

天孫降臨の地、高千穂八十八社の総社

神社

高千穂神社《たかちほじんじゃ》

必見！
五間社流造

高千穂郷八十八社の総社

平安時代からの歴史を持ち、神話の里高千穂郷八十八社の総社として信仰を集めた由緒ある高千穂神社。ニニギノミコトをはじめとする日向三代の神々などを祀り、縁結び、夫婦円満、諸願成就の御利益が。

境内にある鎮石にはパワーがあるとされ、願を込めて祈ると不安が鎮められると伝えられている。2本の杉の幹が1つになった夫婦杉は、杉の周りを夫婦や恋人、友達同士で手を繋いで3周まわるとずっと仲良くいられると言われ、訪れる人が絶えない。また、神楽殿では毎晩、高千穂の夜神楽三十三番のうち代表的な4つの舞を公開している。

おすすめ！
夜神楽

おすすめ!!
夫婦杉

根元がつながった夫婦杉

人の悩みを沈めるといわれる鎮石

ACCESS

電車・バス JR日豊本線　延岡駅から高千穂バスセンター行きで約80分、高千穂バスセンター下車、徒歩で約10分

車 九州自動車道 松橋ICから国道218号線で高千穂へ約90分

お出かけスポット

がまだせ市場

高千穂牛が味わえるレストランや直売所、案内所では旬な情報を提供。

問）tel.0982-72-5002
住）宮崎県西臼杵郡高千穂町大字三田井1099-1
時）9:00～18:00
休）施設により異なる

DATA

tel.0982-72-2413

問 高千穂神社
住 宮崎県西臼杵郡高千穂町大字三田井1037
時 なし
休 なし　料 なし（神楽の拝観料１人700円）
駐 80台（無料）
バ なし　HP なし

家内安全

良縁・縁結び

高千穂町

多大なパワーが宿る鬼門を向いた拝殿

神社

秋元神社《あきもとじんじゃ》

健康運　マイナスイオン

高千穂町

建盤龍命《たていわたつみのみこと》が諸塚山の中腹に創建し、天和3年（1683）現在地に創立したと言われている。拝殿は日本で珍しい鬼門を向き、数々の説を残す。神社の裏側には、奥行き不詳の長い洞窟があると云われも。

国土の神や健康の神を祀り大きなパワーが宿る神社として全国各地から参拝に訪れる方が後を絶たない。

また、秋には御神木のイチョウが境内を彩り、流れ落ちる秋元の湧水は御神水とし大切に祀られている。

ACCESS

電車・バス JR日豊本線　延岡駅から高千穂バスセンター行きで約80分、高千穂バスセンター下車、車で約30分

車 国道218号線を延岡方面へ、天翔大橋、水ヶ崎大橋を渡り左折、秋元方面へ。高千穂町中心部から約30分

DATA

tel.0982-73-1212

問 高千穂町企画観光課
住 宮崎県西臼杵郡高千穂町大字向山6781

時 なし
休 なし
料 なし
駐 2台（無料）
バ なし
HP なし

航海安全、縁結びの神様を祀る古社

神社

御崎神社《みさきじんじゃ》

良縁・縁結び　海難防止　景勝地

串間市

和銅元年（708）に創建され、海の神様である綿津見神を祀る。国の天然記念物である岬馬（野生馬）が生息する都井岬の最突端の断崖絶壁に鎮座している。底津綿津見命、中津綿津見命、上津綿津見命を祭神とし海上安全、航海安全、縁結びのご利益がある。

周辺には国の特別天然記念物に指定されている約3000本のソテツや亜熱帯植物が繁茂。神社からは目の前に太平洋が広がり、青い空と海の美しい風景を楽しめる。

ACCESS

電車・バス JR日南線　串間駅から串間市コミュニティバス都井岬行きで約45分、終点下車、徒歩約30分

車 宮崎自動車道 田野ICから約90分

DATA

tel.0987-72-0479

問 串間市観光物産協会
住 宮崎県串間市大納御崎都井岬

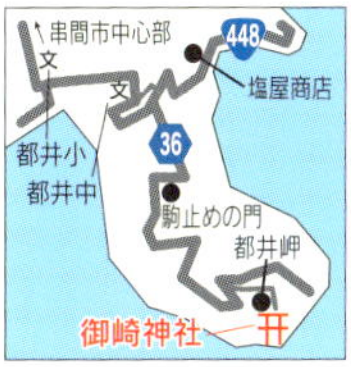

時 なし
休 なし
料 なし
駐 20台（無料）
バ なし
HP なし

日向三代を主祭神に祀る霧島六社権現の本宮

神社

霧島岑神社《きりしまみねじんじゃ》

子宝　商売繁盛　良縁・縁結び

小林市

霧島六社権現の中で最も格式の高い社といわれ18柱の神々を祀る延喜式内社。往古、霧島山系高千穂峰中腹背門丘の地に祀る。1234年御鉢の噴火の為、坊主ケ原と呼ばれる所に遷座。約500年の時を経て、1716年新燃岳大噴火の為、数遷座後、現在の地に祀る。

参道前には1716年噴火当時に彫られた2体の仁王像が出迎え、さらに進むと樹齢450年の巨大イチイガシが社を囲み、本殿には雲龍の御柱が祀られ、幽玄な世界へと誘う。

ACCESS

電車・バス　JR吉都線 小林駅から車で10分

車　九州自動車道　小林ICから県道104号細野中方面へ車で約25分

DATA

tel.0984-23-0855

問 霧島岑神社(社務所)
住 宮崎県小林市細野4937

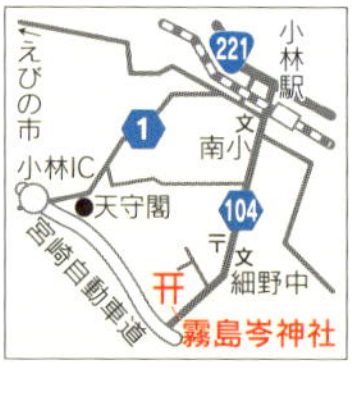

時 なし
休 なし
料 なし
駐 100台（無料）
バ なし
HP なし

瀬川にそびえる夫婦岩の奇石

自然岩

陰陽石《いんようせき》

家内安全　子宝　良縁・縁結び

小林市

三之宮峡の下流に位置した霧島火山帯の溶岩が造り出した奇石。昇天する竜が美女に見惚れて上る力を無くし化石になったという伝説がある。男石（陽石）は高さ17.5m、女石（陰石）は周囲5.5mの巨石で男女一対は世界でも珍しい。竜岩、夫婦岩とも呼ばれ、よろず生産、子宝の神とし、夫婦円満、安産、子孫繁栄、家内安全のご利益が。

周辺には皇産霊神を祀る陰陽石神社や県内最古の石橋「大丸太鼓橋」がある。

ACCESS

電車・バス　小林駅から上九瀬行バスで陰陽石下車、徒歩5分

車　宮崎自動車道　小林ICから国道265号線を車で約20分

DATA

tel.0984-23-1174

問 小林市商工観光課
住 宮崎県小林市東方3355

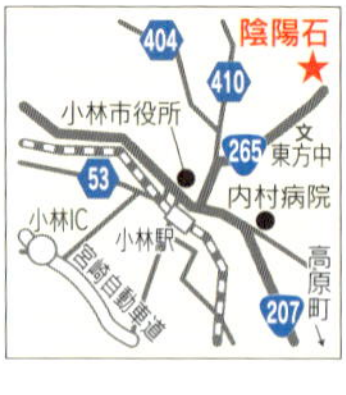

時 なし
休 なし
料 なし
駐 30台（大型バス可無料）
バ なし
HP なし

コラム 水紀行 其の肆

街なか親水施設めぐり

城見の水

熊本県熊本市中央区手取本町

熊本市役所前、熊本城の前に冷たい水飲み場を併設。

清正公さんの水

熊本県熊本市中央区花畑町

加藤清正公が見守る水。春は長塀沿いの桜が見どころ。

せんばの水

熊本県熊本市中央区新町3

肥後手まり唄の発祥の地。親子タヌキが目印。

城下町の水

熊本県熊本市中央区西唐人町

石造りの眼鏡橋、明八橋のたもと。城下の風情を感じる。

祇園さんの水

熊本県熊本市中央区細工町5

民謡「おてもやん」の作詞作曲家、永田イネゆかりの地。

阿蘇恵みの水

熊本県熊本市西区春日3　熊本駅新幹線口（西口）駅前広場

熊本の湧水を表現。地下水のウォーターステーションを併設。

鹿児島県

神社

荒平天神《あらひらてんじん》

必見！夕日との調和

荒平天神のバックには風光明媚な大パノラマの景色が広がる

海に浮かぶ神秘的な神社

県道68号線沿いの海岸に見えてくる海に突き出た島のような岩山上（天神島）に神社が建立されている。創建は400年前の戦国時代、天文年間（1532年～1555年）という言い伝えがあり、一度大正時代に炎上したがご神体は無事だった。ここには、学問の神様の菅原道真が祀られ、受験時期には合格祈願で訪れる者がたえない。

海岸線も美しく、透明度の高い錦江湾の美しい景色や対岸の開聞岳などを見渡せ、夕暮れ時には潮が満ちるなかでの夕日を写真に収めようと写真家も訪れるフォトジェニックな場所になっている。

満潮時には社には渡れなくなるので注意を

夕暮れ時だと写真スポットとして人気の場所に

おすすめ！岩の上の社

ACCESS

電車・バス バスの本数が非常に少ないため、鹿児島交通(0994-65-2258)に要問合せ

車 垂水港から車で約20分

DATA

tel.0994-31-1121

問 鹿屋市ふるさとPR課
住 鹿児島県鹿屋市天神町4014
営 なし 休 なし 料 なし
駐 10台(無料)
バ 駐車場、トイレ
HP https://www.e-kanoya.net/hp1/kankou/kankou01_4.html

学業運

景勝地

鹿屋市

お出かけスポット

かのやばら園

8haの敷地に約35,000株のばらが植えらている日本最大級のばら園。

問）tel.0994-40-2170
住）鹿児島県鹿屋市浜田町1250
時）9:00～17:00
(春のばら祭り期間中 9:00～18:00)
休）月曜(祝日の場合翌日)、年末年始
料）大人630円、小中学生110円

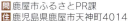

徐福伝説が残るいちき串木野市

霊峰冠岳をめぐる旅

伝説

徐福伝説《じょふくでんせつ》

秦の始皇帝から「東海に蓬莱《ほうらい》の島あり、その仙人から不老不死の仙薬を求めよ」と命を受けた徐福が、いちき串木野市の照島に上陸後、一筋の光明が射した山岳（冠岳）に登り、多くの薬草を手に入れたと伝えられる。

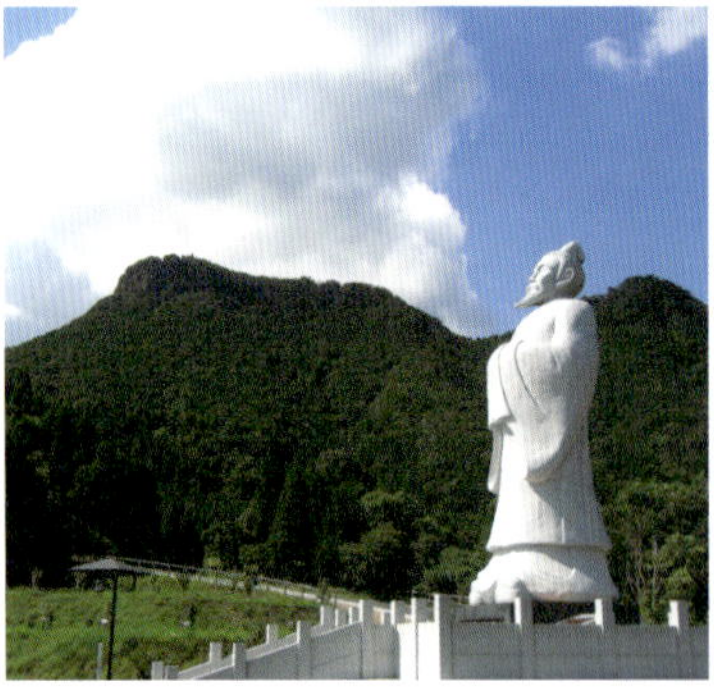

徐福が自らの冠を頂上に捧げたことに由来する地

自然

冠岳周辺《かんむりだけしゅうへん》

景勝地

マイナスイオン

冠岳を訪れた徐福は、景色の素晴らしさに感動し自分の冠をとき頂上に納めた。このことから冠岳と呼ぶようになったと言われる。また、東岳、中岳、西岳からなる冠岳の姿は、風折烏帽子（貴族の冠）に見えるとも言われ「三国名勝図会」に記されるほど美しい。冠岳一帯は、南九州の山岳仏教の中心地であり、薩南屈指の霊山として人々の崇拝を集めた。

必見！霊峰冠岳

壱 お出かけスポット

冠岳温泉

2010年オープンの冠岳花川砂防公園近くにある温泉。開放感あふれる露天風呂がおすすめ。

問）tel.0996-21-2626
住）鹿児島県いちき串木野市冠嶽13668
時）9:00～22:00　休）第1水曜
料）大人330円、小学生150円、小学生未満80円

すべての橋を渡り仙人のような長寿を得る

公園

年代橋《ねんだいばし》

景勝地

マイナスイオン

下流の10代橋から100代橋まで、渡るごとに徐福が仙薬を求めた冠岳に近づき、すべての橋を渡ると仙人のように長寿を得る物語を表す橋の数々。

神仙橋／90代橋

神師橋／70代橋

蓬莱橋／50代橋

昇龍橋／30代橋

徐福橋／10代橋

雲天橋／100代橋

天寿橋／80代橋

花川橋／60代橋

蓮心橋／40代橋

仙人橋／20代橋

DATA

tel.0996-32-5256

問 いちき串木野総合観光案内所
住 鹿児島県いちき串木野市冠嶽（冠岳花川砂防公園内）
時 なし　料 なし　バ トイレ
休 なし　駐 50台(無料)

ACCESS

電車・バス　JR鹿児島本線　串木野駅から車で15分、冠岳バス停から徒歩5分

車　南九州西回り自動車道串木野ICから車で10分

寺院

2200年余りの歴史を有する冠岳に鎮座する寺

冠嶽山《かんがくざん》 鎭國寺《ちんごくじ》 頂峯院《ちょうぼういん》

飛鳥時代に用明天皇の勅願により建立され、室町時代に現在の名前に改められた寺。毎日14時に御祓いを行う。

ACCESS

電車・バス JR鹿児島本線 串木野駅から車で20分、西岳登山口バス停から車で10分

車 南九州西回り自動車道 串木野ICから車で20分

DATA

tel.0996-21-2255

問 冠嶽山 鎭國寺 頂峯院
住 鹿児島県いちき串木野市上名7647-111
時 鎭國寺▶9:00～17:00 歩き遍路▶毎月第2 木曜～日曜(3泊4日)
休 なし 料 鎭國寺▶なし 歩き遍路▶要問い合わせ
駐 50台（無料） バ なし HP http://www.chingokuji.org/

景勝地 マイナスイオン

遍路

鎭國寺から始まり鎭國寺に終わる全長60kmのお遍路

冠嶽八十八ヶ所歩き遍路《かんむりだけはちじゅうはっかしょあるきへんろ》

白装束をまとい、鎭國寺から麓の里までを3泊4日かけて歩き、佛様、神様、御大師様の力を感じ八十八ヶ所を巡拝する。

弐 お出かけスポット

二つ菫(ふたつすみれ)

自家製天然酵母100%のこだわりベーグルがオススメの喫茶店。お遍路グッズもある。

問）tel.0996-29-3221
住）鹿児島県いちき串木野市生福7898-3
時）11:00～17:00(ランチは～14:00)
休）水曜、木曜
料）天然酵母ベーグル(プレーン) 200円

自然

鹿児島県天然記念物の指定を受ける植物群落

仙人岩の植物群落《せんにんいわのしょくぶつぐんらく》

冠嶽神社裏に位置し高さ70ｍの仙人岩壁面に自生する植物群落。特に、自生したキクシノブは九州本土では唯一。

ACCESS

電車・バス JR鹿児島本線 串木野駅から車で15分、冠岳バス停から徒歩5分

車 南九州西回り自動車道 串木野ICから車で10分

DATA

tel.0996-32-5256

問 いちき串木野総合観光案内所
住 鹿児島県いちき串木野市冠嶽（冠嶽神社周辺）
時 なし 休 なし 料 なし
駐 50台(無料) バ なし

景勝地 マイナスイオン

神社

神々降臨の磐座、仙人岩に添い立つ神社

冠嶽神社《かんむりだけじんじゃ》

島津家から奉納された「長柄の銚子」が伝わる冠嶽神社。祀られている「櫛《くし》御気野命《みけぬのみこと》」は病気平癒の神としても知られる。

ACCESS

電車・バス JR鹿児島本線 串木野駅から車で15分、冠岳バス停から徒歩5分

車 南九州西回り自動車道 串木野ICから車で10分

DATA

tel.0996-32-7558

問 冠嶽神社
住 鹿児島県いちき串木野市冠嶽13511
時 なし 休 なし 料 なし
駐 50台（無料） バ なし

家内安全 商売繁盛 良縁・縁結び

日本サッカー協会公認「ヤタガラスの御守」がある神社

神社

市来神社《いちきじんじゃ》

日本サッカー協会のシンボルマークでもある八咫烏を祀り、その御守は必勝祈願にと県出身のJリーガーも持っている。

ACCESS

電車・バス JR鹿児島本線 市来駅から徒歩約10分、市来国民宿舎前バス停から徒歩で約10分

車 南九州西回り自動車道市来ICから車で約5分

学業運　勝負運　マイナスイオン

DATA

tel.0996-36-5155(社務所)

問 市来神社

住 鹿児島県いちき串木野市湊町3-248

時 なし　休 なし　料 無料　駐 2台(無料)

バ なし　HP http://ichikishrine.web.fc2.com/

鹿児島三大祇園祭が行われる歴史ある神社

神社

八坂神社《やさかじんじゃ》

商港、宿場町が栄えた約200年前からある八坂神社。この神社を崇敬している市来出身の人には商売で成功している方が多い。

ACCESS

電車・バス JR鹿児島本線 市来駅から徒歩約25分、市来国民宿舎前バス停から徒歩で約5分

車 南九州西回り自動車道市来ICから車で約5分

金運上昇　仕事運　商売繁盛

DATA

tel.0996-36-2062

問 市来商工会

住 鹿児島県いちき串木野市湊町1-134

時 なし　休 なし　料 無料

駐 なし　バ なし

神社にあるパワーストーンに数多くの参拝客が訪れる

神社

照島神社《てるしまじんじゃ》

日本で2番目に造られた島だと神話が残る。また、蛭子神《ひるこのかみ》が釣りを楽しんだとも。神社内にパワーストーンがある事でも有名。

ACCESS

電車・バス JR鹿児島本線　串木野駅から車で約5分、島平バス停から徒歩で約3分

車 南九州西回り自動車道串木野ICから車で10分

家内安全　商売繁盛　良縁・縁結び

DATA

tel.0996-32-9066(氏子自宅)

問 照島神社

住 鹿児島県いちき串木野市西島平町410

時 なし　休 なし　料 なし

駐 50台（無料）　バ なし

今もなお残る約200年前の文字

自然石

驪龍巌《りりょうがん》

寛政2年、島津家26代斉宣《なりのぶ》が照島を訪れ、黒く光る男池、女池の巨巌の群れに玉を抱く龍の姿を想像し文字を彫らせた。

ACCESS

電車・バス JR鹿児島本線　串木野駅から車で約5分、島平バス停から徒歩で約3分

車 南九州西回り自動車道串木野ICから車で10分

海難防止　景勝地　マイナスイオン

DATA

tel.0996-32-5256

問 いちき串木野総合観光案内所

住 鹿児島県いちき串木野市西島平町（照島神社周辺）

時 なし　休 なし　料 なし

駐 50台(無料)　バ なし

鹿児島県
おすすめ霊場・神社めぐり③ 霊峰冠岳をめぐる旅

漂流しロシアにたどり着いた青年ゴンザの大業を祀る

神社

羽島崎神社《はしまざきじんじゃ》

学業運　仕事運　商売繁盛

天智天皇の御妃大宮姫《おきさきおおみやひめ》がこの地に遺した鏡を祀ったのが始まりとされ、現在は農、漁業の神様が祀られている。また、初の日露辞典を編さんしたとされるゴンザを祀る神社も建立された。

ACCESS

電車・バス JR鹿児島本線　串木野駅から車で約30分、羽島小学校前バス停から徒歩で約15分

車 南九州西回り自動車道 串木野ICから車で約30分

DATA

tel.0996-35-1315(氏子自宅)
090-5021-4999

問 羽島崎神社
住 鹿児島県いちき串木野市羽島5944
時 なし　休 なし　料 無料
駐 20台（無料）　バ なし

お出かけスポット 参

串木野まぐろラーメン

まぐろのダシを使ったあっさりスープに、まぐろをトッピングしたご当地ラーメン。

いちき串木野総合観光案内所
問）tel.0996-32-5256

お出かけスポット 肆

いちきポンカレー

南九州コンビニで商品化もされた地元産ポンカンのピューレが入ったご当地カレー。

いちき串木野総合観光案内所
問）tel.0996-32-5256

いちき串木野総合観光案内所

鹿児島県いちき串木野市上名3018
tel.0996-32-5256　fax.0996-29-3320
E-MAIL：yoka-yoka-info@vivid.ocn.ne.jp
http://ichiki-kushikino.com/

お出かけスポット 伍

羽島ちりめんラーメン

羽島で水揚げされたちりめんじゃこをスープに使用。羽島地区4店舗で異なる味を楽しめる。

いちき串木野総合観光案内所
問）tel.0996-32-5256

お出かけスポット 陸

薩摩金山蔵

120kmの坑道は焼酎貯蔵蔵として使用され、トロッコで行き来できる。

問）tel.0996-21-2110
住）鹿児島県いちき串木野市下名13665
時）10:00～17:00
休）水曜
料）トロッコ／大人700円、小人(3~12歳)300円

天孫降臨神話とともに歴史を刻む、西の日光と呼び声高い霧島神宮

神社

霧島神宮《きりしまじんぐう》

三の鳥居をくぐると見えてくる勅使殿。四季の花々が彩る鳥居は崇高な雰囲気

度重なる噴火、社殿の炎上。活火山と共に歩んだ歴史

鹿児島県と宮崎県の県境に広がる、韓国岳・霊峰高千穂峰などからなる霧島山。天孫降臨の神話が伝わるこの連山は１０００ｍ級の山々が連なり、古代より噴火を繰り返している。近年では新燃岳が活発な火山活動を繰り返しており、大浪池・御池など多くの火口湖もある。

現在霧島市にある霧島神宮も度重なる噴火による火災で移動、再建を繰り返してきた。創建は6世紀とされ、脊門丘（高千穂峰と御鉢の間）が始まりだが噴火のために炎上、９５０年に高千穂河原に再興奉還された。１２３４年にも噴火により焼失、移動再建しており、現在の場所に移されたのは１４８４年となる。今も残る社殿等は１７１５年に第21代藩主島津吉貴により建立・寄進されており、歴代の島津家の信仰も厚い。

森の息吹を感じる旧参道の亀石坂

おすすめ!
山神社

おすすめ!!
御神木

家内安全

学業運

商売繁盛

健康運

鹿児島県

◆豪華絢爛な朱塗りの本殿など気高さ漂う境内

天照大神の御神勅を受け、高千穂峰に降り立った天孫降臨神話はあまりにも有名だが、その命を受けた瓊瓊杵尊《ににぎのみこと》を御祭神としている霧島神宮。相殿には、木花開耶姫尊《このはなさくやひめのみこと》（お后）をはじめとした六柱の皇霊を配祀しており、日本建国とともに歴史を刻んでいる。年間約100ある祭典も由緒ある所以。

三の鳥居をくぐると見えてくる、華麗な朱塗りの勅使殿、登廊下、拝殿、幣殿、本殿はいずれも国指定重要文化財で、中でも本殿は内部も彩色文様や飾り金具で装飾され、瑞雲と2匹の龍が彫られている左右2つの柱など豪華絢爛で見る者を圧倒する。

境内には他にも、税所神社、若宮神社、鎮守神社などがあり、本殿裏手にある山神社は木漏れ日が美しくまさに神域と呼ぶのにふさわしい場所である。

樹齢約800年となる杉の御神木

韓国岳・高千穂峰などを有する火山活動が活発な霧島山

朱塗りの勅使殿と深緑の木々のコントラストは息をのむ美しさ

お出かけスポット壱

あし湯霧島

ドライブに疲れたりちょっとリフレッシュしたい時の立ち寄り足湯。

問）tel.0995-57-1588
（霧島市観光案内所）
住）鹿児島県霧島市霧島田口2459-6
時）10:00~17:00　休）なし　料）なし

お出かけスポット弐

霧島神話の里公園

霧島ならではの自然の地形を生かしたレジャー公園。

問）tel.0995-57-1711
住）鹿児島県霧島市霧島田口2583-22
時）9:00~17:15
（11~3月は~17:00）
休）レストランのみ12/30、31休み
料）なし

ACCESS

電車・バス JR日豊本線 霧島神宮駅からバスで約10分

車 九州自動車道 溝辺鹿児島空港ICから車で約40分

DATA

tel.0995-57-0001

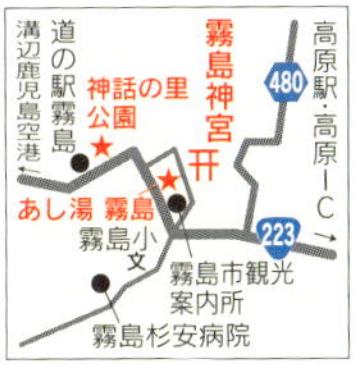

問 霧島神宮
住 鹿児島県霧島市霧島田口2608-5
時 なし（祈願等の受付8:00~17:30）
休 なし
料 無料
駐 600台（無料）
バ なし
HP http://www.kirishimajingu.or.jp/

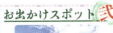

年間を通し多くの人が片道4～5時間かけて訪れる縄文杉

自然

屋久島《やくしま》

世界自然遺産に登録された世界が認める大自然

世界自然遺産にも登録される自然の楽園

屋久島は平成5年12月、青森県の白神山地とともに世界自然遺産として登録されており、その登録地域は島の約20%、１０７４７ヘクタールの森林にあたる。

屋久島の代名詞でもある、推定樹齢７２００年ともいわれる縄文杉まで登山で往復10時間程度かかるが多くの観光客がこの場所を訪れている。また、車で行くとこができる最も大きな屋久杉、紀元杉も有名なスポット。その他、ヤクスギランドや白谷雲水峡など30分程度で散策できる自然休養林や、東シナ海に面する無人地帯に広がる照葉樹林帯西部林道も人気スポット。ここは島では唯一車で通行できる世界自然遺産登録エリアとなっており、野生のヤクシカやヤクザルに遭遇する確立が高い。

おすすめ! 紀元杉

おすすめ!! ウィルソン株

おすすめ!!! 白谷雲水峡

良縁・縁結び

健康運

景勝地

マイナスイオン

車で行く事ができる中では最も大きい紀元杉

屋久島町

原生林に滝、神社等、島全体がヒーリングスポット

多くのヒーリングスポットがある中、植物学者A・ウィルソン博士によって世界的に報じられたウィルソン株はカップル必見。約４００年前、豊臣秀吉に献上する際に伐採されたと云われる屋久島最大の切り株だが、株の中から見上げた切り口がハートマークに見え神秘的。

他の見どころとして、直接海に落ちる珍しいトローキの滝や巨大な一枚岩から流れ落ちる千尋の滝、屋久島最大級の大川の滝は日本の滝百選にも選ばれており、駐車場から1分程で滝壺近くまで行く事が出来、水しぶきを浴びることもできる。

また、原生林散策、川でのカヌーや沢登り、海でのダイビングやシュノーケルなどのマリンスポーツを楽しみたい方、ガイドの依頼は観光協会に連絡をいれると便利。

益救神社は延喜式神名帳に記されている最も南の式内社

原始の森をおもわせる白谷雲水峡

大川の滝（左）・トローキの滝（右）／屋久島には数多くの滝が現存する

お出かけスポット 壱

屋久島フルーツガーデン

南国の植物が生い茂る植物園。果樹庵ではフルーツが食べられる。

問）tel.0997-48-2468
住）鹿児島県熊毛郡屋久島町中間629-16
時）8:00～17:00
休）なし
料）大人500円、小人250円

お出かけスポット 弐

志戸子ガジュマル公園

密生する亜熱帯性植物のガジュマルを見ながら散策できる公園。

問）tel.0997-42-0079
住）鹿児島県熊毛郡屋久島町志戸子133-1
時）8:30～18:30(9月～3月は17:30まで)
休）なし
料）大人240円、小中高生180円

ACCESS

飛行機 鹿児島空港から日本エアコミューターで約30分（屋久島空港まで）

フェリー 鹿児島港　南埠頭からフェリーで4時間（宮之浦港まで）、ジェットフォイルで約2時間30分（宮之浦港・安房港まで）

DATA

tel.0997-46-2333

問 屋久島観光協会事務局
住 鹿児島県熊毛郡屋久島町安房187-1
時 8:30～18:00
休 なし
料 なし
駐 30台(無料)
バ なし
HP http://www1.ocn.ne.jp/~yakukan/

流れ落ちる水しぶきが美しく、光の加減で掛かる虹のアーチも癒される

美しい渓谷と森に育まれた、天然ミストがふりそそぐ桐原の滝

自然

桐原の滝《きりはらのたき》

必見!
曽於八景

曽於八景の1つに挙げられている緑豊かな大川原峡渓谷の中にある桐原の滝は、溝ノ口川を流れる滝。渓谷内は大小の岩が2kmほど続き、美しい森と冷たく清らかな清流に囲まれ、四季を通じての表情が美しい風光明媚な森と水の自然パワーが溢れる癒しスポット。

駐車場から整備された遊歩道を歩けば滝の近くまで行く事ができ、夏場になると涼を求めて多くの人が訪れる。高さ12m、幅40mの雄大な滝から流れ落ちる水しぶきが天然ミストとなってふりそそぎマイナスイオンを体に感じて日頃の疲れも癒される。

自然の力に圧倒される大川原峡渓谷

滝近くにある森のパワー溢れる悠久の森

おすすめ! 悠久の森

おすすめ!! 大川原峡渓谷

お出かけスポット

道の駅たからべ「きらら館」

新鮮野菜や各種加工品、黒豚ナンコツ味噌煮丼は絶品。

問）tel.0986-28-5666
住）鹿児島県曽於市財部町南俣17-1
時）9:00〜18:00
休）1月・4月・7月・10月の1日（土日の場合は翌日）　料）なし

ACCESS

電車・バス　JR日豊本線 大隅大川原駅から車で約5分

車　東九州自動車道 末吉財部ICから車で約30分

DATA

tel.0986-76-8282

問 曽於市商工観光課
住 鹿児島県曽於市財部町下財部6472
時 なし
休 なし　料 なし
駐 30台（無料）　バ トイレ
HP http://www.city.soo.kagoshima.jp/

景勝地
マイナスイオン
曽於市

必見!
御神木

全容が未だ解明されていない、謎多き洞穴。数千年もの長い年月の力は偉大なり

自然

溝ノ口洞穴《みぞのくちどうけつ》

縄文時代の住居跡などとして使われていたとされる溝ノ口洞穴は、霧島山系の清らかな湧水が侵食し数千年もの長い年月をかけてつくられた。横14.6m、高さ6.4m、全長209.5mの大きな洞穴で、今現在もこんこんと地下水が流れだしており、地元の人の話では洞穴に犬が迷い込んだところ高千穂峰に出てきたという伝説も残っているほど不思議で謎多き場所。

赤い鳥居や倒木してもなお生き続けている御神木、入り口に鎮座する岩穴観音など神々しく神秘的なスポットとなっており、山と洞穴の雄大な力を感じて身も心も洗われる。

おすすめ! 天然クーラー

おすすめ!! 岩穴観音

近年訪れる人が多くなった岩穴観音

小学校児童によって踊り継がれている奴おどり

お出かけスポット

岩屋観音

絶壁の岩屋にある十一面観音菩薩。縁結び・子宝・子授けが御利益。

問）tel.0986-76-8282（曽於市商工観光課）
住）鹿児島県曽於市大隅町月野久保崎
時）なし　休）なし　料）なし

ACCESS

電車・バス　JR日豊本線 財部駅から車で約15分

車　東九州自動車道 末吉財部ICから車で約30分

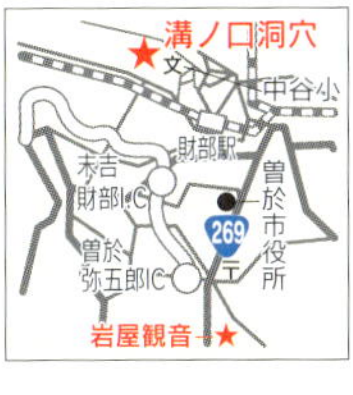
溝ノ口洞穴
文
中谷小
財部駅
末吉財部IC
曽於市役所
269
曽於弥五郎IC
岩屋観音

DATA

tel.0986-76-8282

問 曽於市商工観光課
住 鹿児島県曽於市財部町下財部4907付近
時 なし　※昼間でも暗いので懐中電灯が必要
休 なし　料 なし
駐 10台（無料）　バ なし
HP http://www.city.soo.kagoshima.jp/

家内安全
景勝地
マイナスイオン
曽於市

病気平癒の神様として、島民の信仰が厚い天女ケ倉神社

神社

天女ケ倉神社《あまめがくらじんしゃ》

良縁・縁結び　健康運　景勝地

西之表市

種子島には巨人伝説が多く、仁王が大石を運ぶ途中眺めがいいこの場所で一休みし、立ち上がった際に蔓《かずら》が切れ、この場所に置き去りになってしまった。その大石の下に天女御中主神《あめのみなかぬしのかみ》が住まわれて、天女《あまめ》隠《がく》れと呼ぶようになったと伝えられる。別説では音楽好きの神様がここで神楽《かぐら》を行って、天女《あまめ》神楽《かぐら》とも。

島民には病気平癒《びょうきへいゆ》・霊験新たかな神様として信仰が厚く、毎年3月と10月の22日には祭礼が行われる。

ACCESS

電車・バス 鹿児島港から種子島行きに乗り西之表港下船後、車で約20分

車 西之表港から車で約20分

DATA

tel.0997-22-1111

問 西之表市経済観光課

住 鹿児島県西之表市安納字林ノ山4462-1

時 なし
休 なし
料 なし
駐 10台（無料）
バ トイレ
HP http://www.city.nishinoomote.lg.jp/

毎年11月の流鏑馬（やぶさめ）奉納は500年の歴史を誇る

神社

大汝牟遅神社《おおなむちじんしゃ》

健康運

日置市

瓊瓊杵命《ににぎのみこと》が霧島に降臨された後しばらく宮居された逸話が残る神社。明るい朱塗りと彫刻が美しい宮で、古事記に記されている貝のモニュメントもあり、毎年元旦には吹上浜の砂を盛った貝をお供えしている。

境内には樹齢千年以上、幹回りは14mの大楠（通称・願掛けご神木）があり、優しく3回撫でながら心で強く願い事を唱え身体の悪い所をその手で撫でると良いとされ、枝が梟に見える人には福が訪れるとも言われる。

ACCESS

電車・バス JR伊集院駅からなんてつ号に乗り伊作バス停下車、徒歩20分

車 指宿スカイライン　谷山ICから車で約25分

DATA

tel.099-296-5950

問 大汝牟遅神社（宮司宅）

住 鹿児島県日置市吹上町中原2263

時 なし
休 なし
料 なし
駐 20台（無料）
バ トイレ
HP なし

釜の蓋を頭に載せ、お賽銭箱まで歩けば開運

神社

釜蓋神社《かまふたじんじゃ》

南九州市

勝負運

射楯兵主神社《いたてつわもののぬしじんじゃ》は通称・釜蓋神社ともいわれ、釜の蓋を頭に載せて手を使わず鳥居からお賽銭箱までお参りできれば開運になるという珍しい参拝方法。戦時中は戦の神として崇められ、軍隊に入った人達の家族が武運長久や無事に帰ってくるよう祈願したという。

ミニ釜蓋を3mほど下に置かれている釜に投げ入れて成功すると願いが叶うといわれている。また、社の天井に描かれている巨大で迫力ある龍神絵は一見の価値あり。

ACCESS

電車・バス JR指宿枕崎線 頴娃大川駅下車、徒歩15分

車 指宿スカイライン 頴娃ICから左折、県道234号から国道226号を経て、枕崎方面へ車で約10分

DATA

tel.0993-38-2127

問 釜蓋神社・管理運営委員会

住 鹿児島県南九州市頴娃町別府6827

時 なし

休 なし

料 なし

駐 70台（無料）

バ なし

HP なし

幕末の名君、島津斉彬を祀る神社

神社

照國神社《てるくにじんじゃ》

鹿児島市

家内安全　学業運　商売繁盛　マイナスイオン

鶴丸城二ノ丸跡近くにある、薩摩藩第11代藩主で島津家第28代当主の島津斉彬を御祭神・照國大明神として祀る神社。西洋文明の導入・西郷隆盛らの人材育成など数々ある生前の事績と御遺徳を慕い崇敬の念を寄せる万民の願いにより創建された。

現在でも市民に慕われ初詣の参拝者数は鹿児島県一を誇る。境内には資料館、神社横の探勝園には斉彬の銅像のほか、その遺志を継いだ弟の久光や甥の忠義の銅像がある。

ACCESS

電車・バス 鹿児島市電 天文館通電停下車、徒歩5分

車 九州自動車道 鹿児島北ICから国道3号線を鹿児島市街地方面へ車で約15分

DATA

tel.099-222-1820

問 照國神社

住 鹿児島県鹿児島市照国町19-35

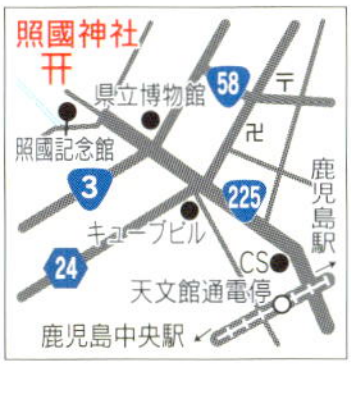

時 8:30～17:00（社務所）

休 なし

料 なし

駐 15台（無料）

バ 施設自体・トイレ・駐車場

HP http://www.terukunijinja.jp/

INDEX 九州 聖地巡礼ガイド 神仏ゆかりの地をめぐる 50音順

あ

か

● STAFF ●

● 取材・文 ●

後藤奈々子　姫野ちさよ　深谷奈朋子

● デザイン ●

西村 章吾

● 撮影 ●

松本公一　井口達宣

● 編集 ●

「旅ムック」編集部
井口昌武
(TEL.096-339-8555)

九州　聖地巡礼ガイド　神仏ゆかりの地をめぐる

2019年　11月15日　　　第1版・第1刷発行

著　者　「旅ムック」編集部（たびむっくへんしゅうぶ）
発行者　株式会社メイツユニバーサルコンテンツ
　　　　(旧社名:メイツ出版株式会社)
　　　　代表者　三渡　治
　　　　〒102-0093東京都千代田区平河町一丁目1-8
　　　　TEL：03-5276-3050（編集・営業）
　　　　　　　　03-5276-3052（注文専用）
　　　　FAX：03-5276-3105
印刷　　株式会社厚徳社

●本書の一部、あるいは全部を無断でコピーすることは、法律で認められた場合を除き、
　著作権の侵害となりますので禁止します。
●定価はカバーに表示してあります。
©エース出版,2011,2019.ISBN978-4-7804-2266-5 C2026 Printed in Japan

ご意見・ご感想はホームページから承っております。
ウェブサイト　http://www.mates-publishing.co.jp/

編集長：折居かおる　副編集長：堀明研斗　企画担当：折居かおる/千代 寧

※本書は2011年発行の『九州 神社・仏閣・霊場をめぐる 聖地巡礼ガイド』を元に加筆・修正を行
なっています。